NOVELIST

써야 하는 이야기를 쓰고 마는 사람

JOBS
NOVELIST

소설가: 써야 하는 이야기를
쓰고 마는 사람

REFERENCE by B

«소설가: 써야 하는 이야기를 쓰고 마는 사람»을 펴내며

I　'잡스' 시리즈의 네 번째 책 《잡스 – 소설가》를 위해
인터뷰한 소설가는 총 여덟 명입니다. 그중 한국
소설가를 제외한 네 명의 해외 소설가는 화상으로 얼굴을
마주하거나 서면으로 대화를 나눴습니다. 이런 모습을
코로나19가 바꾼 수많은 풍경 중 하나로 꼽을 수 있을
겁니다. 그간 화상이나 서면으로 인터뷰를 진행한 적이
없었던 것은 아니지만 '잡스'는 한 사람의 인생과 일을
주제로 이야기의 물꼬를 터야 하므로 인터뷰이와 직접
대면하는 게 일반적이었습니다. 따라서 이번 인터뷰를
준비하며 우려가 앞서기도 했습니다. 에디터가 원하는
방향으로 화면 너머의 인터뷰이와 원활하게 대화를
끌어갈 수 있을지, 한정된 시간 안에 일관된 흐름으로
주제를 통제할 수 있을지 확신할 수 없었으니까요. 다행히
지구 공통의 위기가 만든 연대감 덕분인지, 인터뷰이가
되어준 소설가들은 두 차례에 걸쳐 거듭 화상 인터뷰에
응해주었고, 두 시간 넘는 시간을 인터뷰에 온전히
할애해주었습니다. 덕분에 《잡스 – 소설가》에 실린
여덟 편의 인터뷰는 그 어느 때보다 밀도 높은 이야기로
채워졌고요. 이 이야기 속에는 우리가 미루어 짐작하던
소설가의 모습과, 미처 알지 못했던 소설가의 모습이
공존합니다. 매거진 《B》의 조수용 발행인과 나눈 대화를
시작으로, 소설가의 세계에 더 가까이 다가갈 수 있길
바랍니다.

'잡스' 시리즈에서 소설가라는 직업을 다뤄보자는 아이디어는
철학자에 대한 이야기를 나누면서 시작된 것으로 기억합니다.
이 시대에 철학자란 과연 어떤 사람들일까라는 물음에 소설가를
언급한 적이 있어요.

철학을 사람에 대한 이야기라고 볼 때, 철학은 '인간은
왜 사는가?'라는 질문에 대한 해답을 찾는 도구라고 볼
수 있을 겁니다. 조금 더 이야기를 넓히자면 이 세상에서
공존하는 방법을 다루는 학문이라고도 할 수 있을 테고요.
이런 생각을 그림 혹은 음악으로 표현하는 사람도 있죠.
극이나 소설로 표현하는 사람도 있고요. 그렇게 보면
이들은 모두 당대의 철학자들일 겁니다. 단지 표현의
방식이 다를 뿐이죠. 그중에 소설은 가장 직접적으로
이야기를 전달하는 수단이라고 생각합니다. 독자 스스로
어떤 장면을 그려가며 감정이입을 하기 때문에 메시지
전달에 있어서 오류가 날 확률이 비교적 낮으니까요.
저는 영화보다 감정의 합치가 더 완벽하게 이루어지는
매체가 소설이라고 생각하므로, 좋은 소설가는 철학자의
몫까지 할 수 있다고 봅니다.

좋은 소설가란 과연 어떤 사람일까요?

많은 사람에게 회자되고 사랑을 받는 소설가는 뛰어난

커뮤니케이션 및 공감 능력을 지닌 이들이 아닐까
생각합니다. 실제로 그런 소설가들이 당대 많은 사람들의
생각과 삶을 바꾸기도 했고요. 그건 그림이나 음악이
하지 못하는 소설만의 힘입니다. 그 힘은 소설가가 지닌
공감의 깊이에서 비롯되는 것이고요.

소설가는 어떤 조직이나 기업에 속해 있지 않은 데다 대체로
개인의 욕망과 의지에서 모든 작업이 시작하므로, 가장 개인적
성향을 지닌 사람들이라고 볼 수도 있습니다.

소설가의 일을 고립된 상태에서 할 수 있는 것으로 여길
수 있지만, 잘 생각해보면 사람들과 소통하는 능력이
뛰어난 사람이 좋은 소설가가 되는 데 유리한 고지를
점합니다. 나와 다른 사람의 생각을 받아들이는 이해의
폭이 넓어야 내 생각의 폭도 다양해지니까요. 물론 다른
사람이 남긴 여러 기록을 간접경험하면서 보완할 수도
있겠지만, 기본적으로는 다양한 상황에 대한 경험의
총량이 많아야 하죠. 만일 좋은 소설가가 되기를 꿈꾸는,
시작점에 있는 사람이 있다면 사회 경험을 더 많이
해보라고 조언해드리고 싶어요. 지금 당장 소설을 쓰고
싶다고 해서 방에만 처박혀서 계속 백지만 바라본들
아무 의미가 없죠. 결과적으로 보면 혼자서 해낼 수 있는
일이지만, 아마 그렇게 되기 위해 소설가가 나눈 대화의

총량은 생각보다 엄청날 겁니다.

누군가는 소설가가 전하고자 하는 메시지나 개념을 사상가나
운동가들이 더 효율적인 방식으로 전달한다고 말하기도 했는데,
꽤 흥미로운 분석이라고 생각했어요. 소설가의 이야기는
무엇이 다를까요?

철학자나 사상가가 "말하자면 이런 거야"라고
직접적이고도 간결하게 이야기하는 사람이라면
소설가는 "너 잠깐 이리 와봐. 나랑 같이 어디 좀 다녀오지
않을래? 다녀와보면 알게 될 거야"라고 하며 누군가의
팔짱을 끼는 사람들인 것 같아요. 어딘지 모를 곳으로
사람들을 데려가서 찬찬히 자신의 세계를 보여주는 거죠.

그렇다면 왜 우리는 소설이라는 걸 읽어야 할까요? 음식을
왜 먹어야 하는지, 건축물에 왜 들어가고 그곳에 왜 머물러야
하는지에 대해서는 질문하지 않지만, 소설에 대해서는 그런
질문을 던지곤 합니다.

독일의 철학자 니체가 쓴 《비극의 탄생》에는 고대
그리스 시대의 많은 극장들이 비극을 지속적으로 무대에
올렸다는 내용이 나옵니다. 니체는 바로 이 비극을 통해
그리스 문명이 성숙할 수 있었다고 말해요.

그들과 우리가 왜 비극을 보는지 생각해보면, 아마 인간의 본질을 간접적으로 체험하기 위해서일 겁니다. 슬픔과 깊은 상실감, 또 역설적으로는 그를 통해 기쁨과 환희의 감정까지 느낄 수 있도록 하는 일종의 장치인 거죠. 오늘날에는 실제 내 주변에서 벌어지는 사건이나 뉴스를 통해 비극에 노출되는 경우가 많습니다. 이러한 '리얼 비극' 역시 사람에게 영향을 미치지만 대개는 단선적이고 단편적인 경험에 그치게 됩니다. 또한 실제로 벌어지는 비극을 통해 우리가 성숙하기에는 주어진 시간이 너무나 짧죠. 그렇기 때문에 과거의 비극은 역사를 통해, 동시대의 비극은 소설을 통해 경험하면서 우리는 감정과 생각의 진폭을 키울 수 있습니다. 그 진폭을 키울수록 인간의 삶은 성숙해질 거고요.

쉽사리 파악할 수 없는 이 세상을 어떻게 받아들일 것이냐라는 질문의 답이 소설 속에 들어 있다는 생각도 하게 됩니다. 뉴미디어에는 그런 질문도 서사도 없다는 비판이 있기도 한데요. 지금의 세대가 소설이라는 경험을 어떻게 받아들일 수 있을까요?

형식 측면에서 소설을 언급할 때, 가장 중요하게는 특유의 호흡을 들 수 있습니다. 단편이든 장편이든 소설만의 긴 호흡이 있죠. 이는 소설을 일단 한번 펼치면 단번에 읽어내야 의미가 있다는 걸 뜻하기도 해요.

여타 실용서나 에세이와는 다르게, 읽기를 시작해서 며칠 내에 마치지 못하면 완전히 이해하는 데 어려움을 겪을 수밖에 없거든요. 그런 호흡의 차이가 결국 소설만의 가치와 존재감으로 남지 않을까 싶습니다. 물론 그 역할을 TV 미니시리즈나 넷플릭스 드라마가 대체해가고 있는 건 사실입니다. 이 역할의 변화에 대해서는 받아들일 수밖에 없고, 그런 측면에서 좋은 소설이 좋은 드라마나 영화가 되는 건 당연한 수순이라고 할 수 있을 것 같아요.

Ⅱ 어떤 사람이 소설가라는 운명을 받아들이는 것일까? 미디어로 소비되는 이야기의 꼴과 수명이 하루가 다르게 변화하는 시대에, 소설 및 소설가의 작업이란 일견 숭고하게까지 보입니다. 그들 앞에는 늘 써야 하는 이야기가 있고, 그 이야기를 써내기 위해 불안과 고독을 견디며 시간과 사투를 벌입니다. 이 책의 제목처럼, '써내고야 마는' 소설가의 의지는 그 무엇보다 견고합니다. 마치 소설가의 재능이란 이야기의 완결을 보고 싶다는 의지가 아닐까 하는 생각이 들 정도죠. 누구나 이야기를 품고 있지만 누구나 소설가가 되지 못하는 것 역시 어쩌면 의지의 문제일시도 모릅니다. '잡스'가 인터뷰한 소설가들은 쓰려는 의지가 몸과 일상을 정비하는 일에서 온다는 데 동의합니다. 글쓰기와 달리기를 꾸준히 병행해온 김연수 작가는 "소설가의 몸이 되어야만 한다"고 했고, 11년차에 접어든 정세랑 작가는 자기 혹사의 함정에 빠지는 것을 경계해야 한다고 말했습니다. 무라카미 하루키 역시 《직업으로서의 소설》에서 "자신의 몸을 한편으로 만들라"는 말을 남긴 적이 있습니다. 시작이 쓰고자 하는 욕망이라면, 끝은 각자가 구축한 시스템이 맺는 셈입니다. 훌륭한 창작물이 영감이나 취향의 마법으로 완성되는 것처럼 보일 때, 창작의 불꽃이 무엇을 동력 삼아 끝까지 타오르는지 한 번쯤 생각해볼 일입니다.

소설은 언어를 통해서 세계관을 드러냅니다. 발행인 역시 한 명의 독자로서 많은 소설을 읽어왔고 지금도 접하고 있을 텐데, 잘 쓴 소설, 잘 쓴 글에 대해 어떤 생각을 가지고 있는지 궁금합니다.

모국어의 영향이 있습니다. 어쨌든 저는 한국 사람이고 한글에 익숙하기 때문에 한국 작가가 모국어로 지은 글을 읽을 때 가장 큰 인상을 받습니다. 구사할 수 있는 언어의 깊이만큼, 상상의 깊이가 정해진다는 말에 저는 굉장히 공감하거든요. 프랑스어나 영어로 지어진 소설을 번역본으로 읽을 때의 한계는 분명히 존재합니다. 영어로 표현한 특정 단어를 번역할 때 그 의미나 뉘앙스가 원어보다 더 풍부해지기는 쉽지 않으니까요. 그래서 서양 작가보다는 일본이나 한국 작가가 쓴 글의 감성이 더 생생하게 다가옵니다. 해상도가 더 높다고 표현할 수도 있겠네요. 그에 비하면 서구권 작가들의 번역서는 (번역을 통해 한번 걸러진 셈이라) 한국 소설보다 더 절제된 것처럼 느껴져요. 더 함축적이고, 미루어 짐작해야 하는 느낌이 많다고 할까요? 그 매력의 포인트가 조금 다르다고 할 수 있겠네요.

생생함을 느꼈던 한국 혹은 동양권 작가의 작품이 있나요?

느낌이 가장 좋았던 작가는 곰곰이 생각해봐도 역시

무라카미 하루키인 것 같아요. 워낙 자전적인 성격의 글을 많이 쓰다 보니, 여느 작가의 작품보다 해상도가 더 높게 느껴지지 않았나 싶습니다.

발행인은 전문적으로 글을 다루는 직업을 가지지 않았음에도 여러 형태로 글을 써왔습니다. 본인에게 글이란 어떤 것인가요?

기록을 남기는 데 나름의 집착이 있습니다. 글을 쓰려고 노력하는 이유는 제 생각을 더 정교하게 정돈하고 싶어서죠. 형체가 드러나지 않은 어떤 소재를 깎아서 구체적인 형상을 드러내는 조각처럼요. 그래서인지 누군가 스스로의 생각을 글로 정의하지 않으면 저는 그 생각이 정리되지 않았다고 느끼는 편입니다. 의외로 글로 표현하는 걸 꺼리는 사람이 많은 것 같아요. 그렇다 보니 구어체에서 나오는 습관들, 예를 들면 '약간', '좀', '한 듯' 같이 자기 의사를 불확실하게 표현하는 태도를 많이 보게 됩니다. 만약 같은 말을 글로 옮긴다면 이렇게 뭉뚱그리는 표현을 쉽게 쓰지 못할 거예요. 그런 면에서 제게 글이란 정리되지 않은 수많은 생각을 단정하게 깎아내는 과정이라고 할 수 있습니다.

한국의 어느 스타 작가는 소설가를 지망하는 학생들에게 일상의 단어 선택에도 신중을 기할 것을 권한다고 합니다. 적확한 단어와 표현을 쓰는 훈련이 그만큼 중요하다는 뜻일 텐데요. 그렇다고 해서 말과 글을 정확하게 구사하는 게 단지 소설가의 일만은 아닐 거라는 생각이 듭니다.

그렇죠. 어쩔 수 없이 교육 이야기를 꺼내게 되는데, 제가 학교에서 정규교육을 받을 때는 국어라는 과목이 무엇을 하는 과목인지 잘 몰랐습니다. 솔직히 말하면 국어라는 단어 그대로, 모국어로 한글의 역사와 문법을 공부하는 거라고 생각했어요. 그런데 나중에 보니 국어라는 과목은 말하고, 듣고, 읽고, 쓰는 걸 배우는 과정이더군요. 그렇게 보면 이건 굉장히 중요한 의미를 갖는 거예요. 말과 글을 통해서 타인의 의도를 잘 이해하고, 또 말과 글을 통해서 나를 잘 표현하고 전달하는 일, 결국 인간의 근본에 대한 과목이었던 거죠. 말하고 쓰기에 대한 기술은 누구에게나 요구되는 능력인 걸 넘어, 한 인간의 핵심 능력이라고 봐야 합니다. 많이 읽고, 많이 쓰고, 많이 듣고, 많이 말해보는 훈련은 누구나 해야 하는 훈련이고, 그 훈련을 거치면 개인의 사고가 더 깊어지는 것은 물론 지혜의 시작점이 된다고 확실히 믿고 있어요.

**Jonas
Jonasson**

요나스 요나손

Stockholm

요나스 요나손은 스웨덴의 베스트셀러 작가다. 일간지 기자와 [
전향했다. 데뷔작 《창문 넘어 도망친 100세 노인》을 비롯해 2
팔렸고, 데뷔작은 동명의 영화로도 제작되었다. 끔찍하고 황?
그는, 앞으로 소설의 형태가 어떻게 변하든 좋은 이야기에 대한

설턴트로 20년 넘게 일하다 마흔이 훌쩍 넘은 나이에 소설가로

까지 발표한 네 편의 소설은 전 세계적으로 1600만 부 이상이

을 따스하고 유머러스하게 풀어내며 독자에게 희망을 전해온

 언제나 존재할 것이라고 말한다.

운다고 달라지는 건 없으니, 웃기로 했습니다

스톡홀름 자택에 있는 요나스 요나손과 화상 인터뷰,
2020년 6월 6일 오후 1시

소설가는 인류의 고통을 덜어줄 수 있는 힘이 있다

스웨덴의 작은 섬 고틀란드(Gotland)에서 아들과 함께 닭을
키우며 살고 있다고 들었습니다. 지금 있는 곳도 고틀란드인가요?

> 아들 교육 때문에 지금은 스톡홀름에서 지내고 있습니다.
> 일주일 후에 고틀란드로 휴가를 떠나, 두 달 정도 머물다
> 올 계획이에요. 코로나19[1]로
> 인해 지난 몇 개월 동안 섬에
> 출입할 수 없었는데, 어제가
> 되어서야 통제가 풀렸죠.

1   2019년 12월 중국
우한에서 처음 발생된 호흡기
감염 질환. 전 세계적으로
바이러스 확진자와 사망자가
속출하자 세계보건기구(WHO)는
홍콩독감, 신종플루에 이어 세
번째로 팬데믹을 선언했다. 공식
명칭은 코로나바이러스감염증-
19(COVID-19).

두 달 동안의 여름휴가라니
부럽네요. 모든 일을 내려놓고

휴식에 전념할 계획인가요?

> 그럴 순 없을 것 같아요. 제 머릿속은 늘 작품에 대한
> 생각으로 가득 차 있거든요. 쓰는 때가 아니면 써야 할
> 글을 생각하기 바쁩니다.

섬에서 키우던 닭들은 잘 지내고 있나요? 글이 안 풀릴 때 닭장에
가서 일하다 보면 불현듯 영감이 떠오른다고 했었죠.

> 암탉 여섯 마리, 수탉 두 마리를 키웠는데, 안타깝게도
> 모두 여우에게 희생당했습니다. 아주 질이 나쁜
> 녀석이었어요. 여덟 마리를 몰살시켜버렸거든요.
> 앙겔라 메르켈[2], 니암코
> 사부니[3] 등 각각 이름도
> 있었어요. 제가 존경하는
> 인물 혹은 입에 착착 감기는
> 매력적인 이름을 가진
> 인물에서 따왔죠. 앙겔라와
> 니암코로 불리는 닭이라니,
> 근사하지 않나요? (웃음).

코로나19로 인한 록다운
(lockdown) 상황에서 어떻게

[2]   1954년 함부르크 출생. 독일의 정치인. 2005년부터 독일의 제8대 연방총리를 역임하고 있으며 독일제국 성립 이후 최초로 연방총리직에 오른 여성이기도 하다.

[3]   1969년 부룬디 출생. 스웨덴의 정치인. 스웨덴 최초의 소수민족 출신 국회의원이자 동시에 난민 출신 당대표. 2002년 스웨덴 의회 의원으로 선출되었고 2006년부터 2010년까지 통합부 장관을, 2006년부터 2013년까지 양성평등통합부 장관을 역임했다.

지내는지 궁금합니다. 일과 일상에 큰 변화가 있었나요?

> 굉장한 변화가 있었죠. 저는 물론 아내와 친구들까지
> 코로나19에 감염되었거든요. 지금은 완전히 회복했지만,
> 6주가 넘도록 기침에 시달렸죠. 다행히도 스웨덴에서 올
> 가을에 출시될 차기작 «Sweet, Sweet Revenge Ltd»를
> 완성한 뒤였어요. 번역 작업을 위해 전 세계 출판사에
> 보내둔 상태였죠. 자칫하면 마감을 지키지 못할 뻔해서,
> 운이 좋았다고 생각해요.

완쾌했다니 참 다행이에요. 분명 힘든 상황이었을 텐데 '운이
좋았다'라고 표현하는 게 흥미롭습니다. 그 마음은 전쟁, 갈등,
살상으로 얼룩진 전개 속에서도 희망을 이야기하는 당신의
소설과 닮았네요.

> 요즘 지구 곳곳에서 끔찍한 소식이 자주 들려옵니다.
> 그렇지만 운다고 달라지는 건 없어요. 그래서 저는
> 웃기로 했습니다.

코로나19에서 회복한 후 세상을 바라보는 관점,
혹은 소설을 통해 전하고자 하는 메시지가 변하진 않았는지
궁금합니다.

흥미로운 질문이지만, 변한 건 없었어요. 죽음을 직면할 정도로 심하게 앓은 게 아니니까요. 하지만 정치, 사회, 현대사를 작품에 담아내는 작가로서 팬데믹 이후의 세상이 무척 궁금해요. 유럽연합이 더욱 단결할지, 붕괴될지. 2차 팬데믹이 일어날지 등 더 지켜봐야 해요. 아직 제가 죽을 때가 아니에요.

평론가들은 당신의 소설에 대해 이런 찬사를 보냈습니다. "우울증을 위한 특효약", "배꼽 빠지게 웃긴다", "우리 시대의 골치 아픈 문제들을 전부 꺼내서 놀랍고 웃긴 회전목마에 태워버렸다"….

네, 멈추지 말고 계속해도 됩니다. (웃음) 칭찬은 언제 들어도 기분이 좋네요. 독자들은 제게 "질리도록 들었겠지만, 책 매우 재밌게 읽었어요"라고 말하곤 해요. 저는 속으로 이렇게 대답하죠. "네, 질리도록 들은 건 맞지만, 당신에게는 이제야 듣는 걸요."

현실은 행복한 결말보다 불행한 결말이 더 많은 것 같습니다. 그럼에도 불구하고 작품에서 늘 해피 엔딩을 고집하는 이유가 무엇인가요?

컴퓨터 화면 너머로 당신 방에 있는 책장이 보이네요.

몸을 돌려서 그 안에 꽂힌 수백여 권의 책을 한번 보세요. 장담하건대 그중에서 행복한 결말이 담긴 책은 손에 꼽힐 겁니다.

듣고 보니 그렇네요. 제가 대학에서 영미 문학을 전공할 때, 암울하고 비관적인 작품들이 교육 과정의 8할을 차지했던 기억이 나요.

비극적 결말이 소설의 수준이나 문학적 가치를 높여준다고 믿는 작가가 많은 것 같아요. 저는 여기에 동의할 수 없습니다. 인간으로 태어난 이상 우리는 끊임없이 고통받으며 살아야 하겠죠. **소설가에겐 작품에서나마 그 고통을 덜어줄 수 있는 힘이 있다고 생각해요. 누군가를 죽음으로 몰아넣을 수도 있지만, 그렇게 하지 않는 힘 말입니다.**

앞으로 요나스에게 누아르 소설을 기대하는 건 어리석은 짓이겠군요.

그럴 일은 없을 겁니다. 언젠간 청소년 소설에 도전해보고 싶어요. 열세 살 아들을 위해서 말이죠. 아들이 요즘 SF 소설에 푹 빠져 있는데, 대안으로 권유할 만한 책을 찾는 게 쉽지 않더군요.

작가가 되니 마침내 고향에 돌아온 기분이었다

소설가가 되겠다고 결심한 순간을 기억하나요?

> 물론이죠. 고등학교 스웨덴어 시간이었어요. 선생님은
> 수업이 끝난 후 저를 불러 이렇게 말했습니다. "요나스,
> 너는 글쓰기에 소질이 있으니 작가나 기자가 되는 게
> 어떻겠니?" 당시 제가 받았던 충격이 아직도 생생해요.
> 살면서 무언가에 소질이 있다고 칭찬받은 적이
> 없었거든요. 장래에 대해 고민해본 적도 없었고요.

선생님의 권유대로 일간지 기자가 되었군요.

> 대학을 다니며 작은 지역 신문에서 프리랜스 기자로

일을 시작했어요. 그다음엔 좀 더 큰 신문사로 옮겨서 경험을 쌓았고요. 스웨덴 최고 일간지 《엑스프레센(Expressen)》[4]에서 취재 온 기자를 도운 적이 있습니다. 제 도움으로 특종을 따낸 기자는 《엑스프레센》 편집장에게 저를 추천했고, 저는 결국 대학을 그만두고 신문사에 정식으로 입사했습니다. 그렇게 10년이 흘렀고, 소설가의 꿈도 자연스레 뒷전으로 밀렸죠.

소설가가 되기 전에 미디어 컨설턴트로도 일했습니다.

신문사를 그만두자마자 미디어 컨설턴트로 취직했어요. 에스토니아, 라트비아, 리투아니아, 폴란드 등을 누비며 그곳의 젊고 영리한 기자에게 모던 저널리즘을 가르쳤어요. 마침 공산주의가 몰락한 때라 저널리즘에 대한 관심과 수요가 높았거든요. 굉장히 흥미로운 1년이었죠. 그 뒤에는 《엑스프레센》에서 알게 된 동료와 함께 미디어 회사를 설립했고, 10년 동안 직원 100명이 넘는 기업으로 성장시켰어요. 덕분에 10년이 또 지나가버렸죠. 이렇게 거의 20년을 밤낮없이 일했더니, 몸이 고장 나기 시작했어요. 어느 날, 심장이 미친 듯이 뛰기 시작해서 저는 심장마비가 오고 있다고

4   1944년 창간된 스웨덴의 중앙 일간지.

생각했습니다. 이러다가 스트레스로 죽을 수 있다는 의사의 충고에, 다시는 회사로 돌아가지 않았어요.

소설을 본격적으로 집필하게 된, 그러니까 창문을 넘어 도망치게 된 결정적 계기가 있었나요?

회사를 정리하고 스위스와 이탈리아의 경계선에 있는 마을로 이주해서 점차 건강을 되찾았습니다. 그런데 또 문제가 생겼어요. 서양에서는 누군가를 처음 만날 때 가장 먼저 묻는 게 직업인데, 저는 딱히 할 말이 없어서 너무 창피했어요. '백수'를 이런저런 말로 포장해보기도 하다가 멍청한 짓을 저질렀습니다. 직업을 묻는 말에 "저는 소설가입니다"라고 대답해버린 거죠. '이탈리아어 번역판도 나왔냐'부터 '글쎄 이 양반이 소설가라네'까지, 사람들의 관심을 한 몸에 받았습니다. 당시엔 무척 곤란했지만, 그 사건 덕분에 동기부여가 되었어요. 오랫동안 구상해온 소설을 다시 붙잡고 본격적으로 글쓰기에 몰두했으니까요. 딱히 돈이 필요했던 건 아니에요. 회사를 매각한 후 금전적으로 꽤 여유로웠거든요. 제게 필요한 건 오히려 작가라는 정체성이었습니다.

작가의 정체성을 가진다는 건 어떤 의미인가요?

제 전부와도 같습니다. 마침내 고향에 돌아온
기분이랄까요? 이리저리 우회했지만 결국 결승선에
도달했죠. 저는 아직도 제 직업이 자랑스러워요.
"안녕하세요. 제 이름은 요나스고, 직업은 소설가입니다."
이렇게 말하면 있어 보이잖아요? (웃음)

첫 책이 출간되기까지 스웨덴의 대형 출판사들이 숱하게 퇴짜를
놓았다고요. 포기하고 싶은 순간은 없었나요?

크게 낙심하지는 않았어요. 결국 여섯 번째 출판사에게
러브콜을 받았습니다. 작가 지망생에게 해주고 싶은
조언이 있다면, 거절에는 수많은 요인이 작용한다는
것입니다. 출판사마다 추구하는 문학 스타일이 다르고,
그때그때 필요로 하는 작품이 다릅니다. 여러분의 원고가
출판사에 닿기도 전에, 답은 이미 정해져 있을 수도
있죠. 당신 작품을 거절한 게 출판사 입장에서는 상황에
맞는 판단일 수 있지만, 그렇다고 해서 당신이 틀린 게
아닙니다. 작가의 자질과도 무관하고요.

엄지혜, 요나스 요나손 인터뷰 "내가
소설을 쓰게 된 결정적인 계기는" 중
(《채널예스》, 2014.9.19)

Q. 작가 데뷔가 꽤 늦었다. 47세에 데뷔했는데, 예전에도 글을 쓴 적이 있나?

A. 나는 아주 오래전부터 나 스스로를 작가로 여겼고, 늘 바쁜 와중에도 틈틈이 글을 썼다. 일주일에 7일, 하루에 16시간 이상씩 일하면서도 시간이 나면 나오는 완전히 다른 세상에 사는 남자에 대한 글을 썼다. 글을 쓰는 건 나의 유일한 스트레스 해소법이었다. 하지만 온전히 나만의 방식으로 글을 쓸 수 있을 거라는 자신감을 얻기까지 시간이 필요했다. 아마 내가 더 일찍 데뷔를 했다면 그 글은 나만의 글이 아닌 밀란 쿤데라나 보르헤스 등이 섞인, 그 누구의 것도 아닌 글이었을 것이다.

본질만 남을 때까지 덜어낸다

평소에 하루를 어떻게 보내는지 궁금합니다. 글 쓰는 시간을
따로 지정해두나요?

제가 꿈꾸는 완벽한 시나리오는 다음과 같아요.
월요일부터 금요일까지, 오전 9시부터 오후 1시까지
작업하는 것. 이따금 이루어질 때도 있지만, 현실은
그렇지 못해요. 종종 제 의지와 상관없이 저만의
'비눗방울'에 들어갔다가 나와야 하는 순간도 생기거든요.
참고로 "비눗방울에 들어갔다"라고 표현하는 상황은 이런
식이에요. 미용실에 가서도 "어떻게 잘라드릴까요?"라는
미용사의 질문이 전혀 안 들려요. 몸은 그곳에 있지만
정신이 그곳에 없달까요. 그럴 땐 묵묵히 글을 쓰는

수밖에 없어요. 비눗방울에 들어간 이상, 30~50페이지 정도는 사나흘 만에 거뜬히 완성합니다. 비눗방울 안에서 내리 살 수 있다면 3개월 만에 책 한 권을 완성할 수 있겠지만, 들어오고 나오고를 반복하다 보면 결국 3년이 걸립니다.

글은 보통 어디서 쓰나요?

기차 안, 거실, 해변가 등 어디서든 가능해요. 이어폰을 꽂고 슈베르트의 피아노 협주곡을 들으면 바깥세상과 완전히 단절될 수도 있고요. 반면 스페인에 사는 동료 작가 리사는 정반대더군요. 리사는 굉장한 부자인데, 3층짜리 집에 살면서 3층을 작업실로 사용했어요. 아래층에서 소음이 올라오면 가족을 1층으로 쫓아내곤 했는데, 그조차도 역부족이었는지 결국 옆집을 통째로 사버렸죠.

일을 마치고 남은 시간에 킥복싱을 즐긴다는 어느 제빵사를 인터뷰한 적이 있어요. 그는 수백 킬로그램에 달하는 밀가루를 나르고 반죽을 치댈 때 필요한 근력을 기르는 데에 킥복싱이 도움이 되었다고 해요. 당신도 몸과 마음을 챙기는 자신만의 방법이 있나요?

하루 한 번 산책을 나갑니다. 아내가 체육관을 운영하지만,

제가 반죽 주무를 일은 없을 테니 굳이 체육관까지 갈 필요는 없겠죠? 대답을 고민하다 보니 제 삶의 질이 얼마나 낮은지 실감하게 되네요. 사실 작업을 제외한 모든 시간을 아들에게 쏟고 있어요.

누군가를 챙긴다는 사실만으로 충분히 대단한 걸요.

오랜 세월 아들을 홀로 키웠어요. 하루하루가 아들에게 최상의 삶을 제공하기 위한 사투였죠. 이제야 삶이 조금 안정된 것 같아요. 1년 뒤 제게 전화를 걸어 아까의 질문을 다시 해주세요. 분명 더 멋진 답을 드릴 수 있을 것 같습니다.

15년 동안 신문기자로 일한 경험도 궁금해요. 당시 경험이 당신을 더 나은 소설가로 만들어줬다고 생각하나요?

글쎄요, 더 나은 소설가가 되었는지는 모르겠어요. 다만, 기자 시절 터득한 기술을 소설 쓸 때도 적용합니다. 예컨대, 글의 호흡을 짧고 속도감 있게 가져가려고 해요. 독자가 책을 내려놓을 틈을 주지 않는 거죠. 그들이 페이지를 계속 넘기게 하고 싶지, 다른 데로 시선을 돌리게 하고 싶진 않으니까요. 퇴고에 퇴고를 거듭하며 단어를 덜어내고, 또 덜어내는 작업을 반복해요.

본질만 남을 때까지요. 단어 하나하나 그 존재의 이유가
명확해야 하죠.

선임 기자가 신입 기자에게 늘 해주던 말이 있어요.
"짧게 쓰되, 가급적이면 아무것도 쓰지 말 것." (웃음)
폴란드에서 미디어 컨설턴트로 일할 때 겪은 일화가
떠올랐는데요. 공산주의의 잔해 때문인지 몰라도,
그곳에선 저널리스트와 리포터를 철저히 분리하더군요.
둘의 차이가 뭐냐고 물었더니, "저널리스트는 글을
더 길게 써도 된다"라는 황당한 대답이 돌아왔습니다.
현장에 있던 다른 컨설턴트가 이렇게 제안했어요.
"저널리스트든 리포터든 내 글이 좋은 글이 된 순간, 딱 그
순간에서 멈추는 건 어때요?" 모두가 고개를 끄덕였죠. 더
이상 할 말이 없으면 거기서 멈추는 것. 이 일화를 여전히
가슴에 새기고 있습니다.

글을 쓸 때와 나의 글이 누군가의 마음을 움직일 때, 둘 중 언제 더
큰 만족감을 느끼나요?

"둘 다"라고 답한다면 너무 쉽겠죠? 글 쓰는 행위 자체가
큰 고통인 작가도 있지만, 저는 아닙니다. 창작의 고통이
아니라, 창작의 기쁨이랄까요. 막히는 일도 거의 없고,
혼자 키득키득대면서 글을 쓰곤 해요. '방금 문장 정말
웃긴데, 요나스?'라고 자신에게 말을 걸면서 말이죠.

물론 제 글이 누군가의 마음을 움직였다는 것에서도 큰 행복을 느낍니다. 아르헨티나, 방글라데시, 한국, 캐나다 등 지구 곳곳에서 팬들의 편지를 받을 때면 가슴이 터질 것처럼 행복해요.

캐릭터는 어떻게 구상하나요? 허구의 인물에게 성격, 목소리 등을 부여하는 게 여간 쉬운 일은 아닐 텐데요.

글을 쓰면서 캐릭터를 구상하고는 합니다. 캐릭터와 완벽히 친해진 상태에서 소설을 쓰기 시작하지는 않아요. 보통 첫 150페이지까지는 그 누구와도 친하지 않습니다. 그래서 초고를 완성한 뒤, 다시 처음으로 돌아가 그들의 말과 행동을 수정하곤 해요.

예시가 있을까요?

첫 소설 «창문 넘어 도망친 100세 노인»[5]에 나오는 헤르베르트 아인슈타인을 예로 들게요. 그는 물리학자 알베르트 아인슈타인의 숨겨진 남동생인데, 원래 블라디보스토크에서 일찍

5   요나스 요나손의 첫 장편소설. 100세 생일에 양로원을 탈출한 한 노인이 우연히 갱단의 돈을 훔치면서 시작되는 이야기를 그렸다. 전 세계적으로 1600만 부가 넘게 팔린 인기 소설로 2013년에는 영화화되기도 했다.

생을 마감할 예정이었죠. 막상 그 순간이 오니, 그에게 정이 들었다는 걸 깨달았어요. 그냥 살려두기로 했어요. 제가 마치 신이 된 것처럼요. (웃음) 결국 헤르베르트는 주인공 알란과 함께 세계를 누비며 15년을 더 살다 갔습니다. 두 번째 소설 «셈을 할 줄 아는 까막눈이 여자»[6]에서도 비슷한 일이 일어났어요. 타보라는 아주 몹쓸 캐릭터를 구상했고, 그를 주인공 놈베코와 함께 스웨덴까지 데려갈 예정이었어요. 하지만 도무지 그에게 마음이 가질 않는 거예요. 타보는 악랄함 그 자체거든요. 초고를 완성한 후 다시 앞으로 돌아가 그를 죽였어요. 정확히 35페이지에서 말이죠.

소설가는 남이 되는 연습을 끊임없이 해야 하는 직업인 것 같습니다. 수많은 캐릭터의 입장에 서서 이야기를 끌고 나가야 하니까요. 당신은 100살 먹은 스웨덴 할아버지가 되었다가 다섯 살부터 분뇨를 수거하러 다녔던 까막눈이 아프리카 소녀가 되기도 했어요. 중년의 백인 남성으로서, 아프리카 소녀의 눈으로 세상을 바라보는 게 어렵진 않았나요?

크게 어렵진 않았어요. 이유는 두 가지입니다. 첫째, 아프리카 소녀 놈베코는 제가 실제로

6   요나스 요나손의 두 번째 장편소설. 비천한 태생이지만 두뇌만은 비범했던 한 여인이 세상을 구하기 위해 종횡무진하는 여정을 그렸다.

아는 사람을 바탕으로 구상한 캐릭터였어요. 놈베코에 대한 글을 쓸 때마다 그 친구를 떠올렸어요. 그 역시 남아프리카 공화국에서 가진 것 없이 태어났지만, 혼자 힘으로 삶의 역경을 하나씩 헤쳐나갔죠. 둘째, 저는 캐릭터의 속내를 깊이 들추려고 하지 않는 편이에요. 캐릭터의 내면 묘사보다는 이야기 전개를 우선시합니다. 캐릭터의 생김새나 석양의 모양새에 대한 구구절절한 묘사를 생략하는 것도 이 때문이죠. 덕분에 놈베코의 눈으로 세상을 바라보기가 비교적 수월했어요. 아무리 많은 리서치를 해도, 남아프리카 공화국 소녀에 대한 100퍼센트 진실된 이야기를 쓰는 건 불가능하지 않을까 싶어요.

한나 베커만(Hannah Beckerman),
요나스 요나손 인터뷰(Jonas Jonasson:
'My success is that I spread hope') 중
(«The Guardian», 2016.5.1)

Q. 글을 쓰는 행위가 당신에게 일종의 '정신적 치유'와도 같나요?

A. 흥미롭게도, 제가 모든 것에 대해 걱정하면 할수록, 알란 칼손(«창문 넘어 도망친 100세 노인»의 주인공)은 모든 것에 대해 덜 걱정하더군요. 그는 '정치 바보'라 그를 닮고 싶진 않지만, 제가 불안해할 때마다 제 어깨 위에 앉아 "마음을 편히 가져요"라고 말해줍니다. 제 심리 치료사와 다름없죠.

이야기꾼을 위한 자리는 언제나 열려있다

판권을 사겠다는 영미권 출판사가 없어서, 첫 소설이 영어로
번역되기까지 무려 3년이 걸렸다고 들었습니다.

모든 언어가 똑같이 중요하다고 생각하지만, 영어로
번역된다는 건 분명 엄청난 기회죠. 제 책이 세계로 진출할
수 있다는 걸 의미하거든요. 가령 알바니아에 있는 출판사
중 스웨덴어 소설을 제대로 번역할 수 있는 곳이 몇이나
될까요? 반면 영어 소설을 번역할 수 있는 출판사는 세계
어디서든 쉽게 찾을 수 있어요. 제 작품이 더 많은 언어로,
더 많은 나라에 퍼져나갈 수 있다는 말입니다.

나라별 출판사를 선정할 때 중요하게 생각하는 당신만의

기준이 있나요?

> 그런 건 제 에이전트에게 맡깁니다. 그 역시 저처럼
> 관계와 의리를 중요하게 여겨요. 예를 들어 한국의
> 출판사 열린책들이 제 첫 소설을 믿고 밀어주었다면,
> 나아가 두 번째, 세 번째 소설도 잘 만들어주었다면
> 그걸로 만족해요. 다른 출판사가 더 많은 계약금과 더
> 나은 조건을 제시한다고 친구를 저버릴 순 없잖아요?

첫 소설이 출간된 이래 40여 개 언어로 번역되었습니다. 나라마다
표지가 천차만별인데, 표지를 고르는 일에도 관여하나요?

> 서류상 모든 결정권은 제게 있지만, 웬만하면 각 나라
> 출판사를 믿고 모든 걸 맡기는 편이에요. 그들이 속한
> 시장에 대해선 그들이 제일 잘 아니까요. 제 책을 처음
> 번역한 나라는 네덜란드였습니다. 출판사 담당자가
> 표지를 가리키며 "네덜란드에서 저렇게 책을 냈다간 단
> 한 권도 안 팔릴 걸요?"라고 했던 게 기억나네요. 결국
> 네덜란드어 번역판은 전혀 다른 표지를 달고 나갔고,
> 무려 3년 반 동안 베스트셀러 자리를 유지했죠.

번역가와의 관계는 어떤가요?

> 세계 곳곳의 번역가와 연락을 주고받습니다. 그들에게

'이 문장은 무슨 뜻이죠?' 같은 질문을 받곤 해요. 얼마 전에는 차기작을 독일어로 번역하고 있는 분에게 오해가 생길 만한 문장 때문에 연락이 왔어요. 나치에 대한 묘사가 들어간 문장이라 더 조심스러웠죠. 결국 오해를 방지하기 위해 독일어 문장에는 단어 하나가 더 추가되었어요. 제 글은 정치적 사건을 많이 다루기 때문에 다른 나라 언어로 번역할 때 더욱 신경이 쓰여요.

전 세계 독자들이 차기작을 기다리고 있습니다. 소설을 쓸 때 이들을 인식하면서 썼나요?

그렇진 않습니다. '독일인은 어떤 이야기를 흥미로워할까?' 혹은 '미국인은 이 구절을 어떻게 받아들일까?' 이런 질문을 하다 보면 길을 잃기 마련이거든요. 첫 소설을 발표한 후 출판사에서 받은 조언이 있어요. '글로벌이 아니라 로컬에 집중하라는 것'이었죠. 첫 소설을 집필했을 때의 마음가짐으로 지금까지 일하고 있습니다.

이야기를 나누다 보니 두 시간이 훌쩍 지나갔네요.

물론이죠. 제가 질문 하나마다 20분 넘게 대답하는 게 당신 잘못은 아니니까요. 다만, 인터뷰가 길어지는

바람에 지금 제 아들이 굶어 죽을지도 몰라요. 제가 밥을
차려줘야 하거든요. (웃음)

딱 10분만 더 시간을 뺏겠습니다. 우리는 왜 소설을 읽어야
할까요? 소설을 읽으면 더 나은 인간이 될 수 있을까요?

트윗 한 줄보다 길다면야, 그 무엇이든 읽는 게 좋다고
생각합니다. 소셜미디어를 보면, 모든 게 흑백논리예요.
누군가를 감방에 처넣어라!, 멕시코 장벽을 지어라!,
그들을 몰아내라! 등 흑백이 아니라 중간색으로 봐야
할 문제인데 말이죠. 소설을 읽는 행위는 그런 맥락에서
충분히 의미가 있습니다. 소설을 읽다 보면, 생각이
복잡해지고 깊어지고 자유로워진다는 걸 느끼거든요.
다시 말해, 중간색을 띨 수 있습니다.

소설도 소설이지만, 맨 앞에 나오는 '헌사(dedication)'를 읽는
재미도 큽니다. 자신의 모든 걸 쏟아부은 작품을 누구에게
바쳤는지 읽고 나면 작가와 더 가까워진 느낌이랄까요? 지금까지
쓴 네 권의 소설 중 두 권을 누군가에게 바쳤더군요.

첫 책은 돌아가신 할아버지께, 세 번째 책은 돌아가신
아버지께 바쳤습니다. 첫 책의 헌사에서는 할아버지와의
어릴 적 추억을 이야기했습니다. 타고난 이야기꾼이었던

할아버지는 손주들에게 온갖 거짓말을 들려주셨죠. 어찌나 언변이 좋으셨는지, 우리는 그가 하는 말을 한치의 의심도 없이 믿어버렸어요. 첫 소설의 헌사로 적절했다고 생각해요. 제 소설 역시 거짓말로 넘쳐나기 때문이죠. 아버지는 세 번째 책을 아주 좋아하셨을 거예요. 저를 굉장히 자랑스러워했거든요. 아버지는 살아계실 적 병원을 자주 드나들었는데, 첫 책이 나왔을 때도 인쇄소에서 곧바로 스물다섯 부를 받아가서는 새로운 의사를 만날 때마다 한 권씩 주곤 했어요. 당신의 서명, 그리고 "저자의 부친 드림"이라는 메시지를 적어서 말이죠.

오랜 염원이었던 소설가의 꿈을 이룬지도 11년이 지났습니다. 여전히 소설가가 당신의 소명이라고 생각하나요? 새롭게 도전해보고 싶은 일이 또 있나요?

곧 다음 소설이 출시될 예정이에요. 한국 사정은 잘 모르지만, 스웨덴에서는 눈보다 귀로 읽는 사람이 더 많을 겁니다. 60퍼센트는 오디오북으로 소비할 거란 이야기죠. 사람들이 언제까지 종이책을 읽을지, 오디오북은 어떻게 변모할지, 얼마 전 아마존이 스웨덴에 상륙했는데 이는 또 어떤 변화를 가져올지…. 알 수 없는 일투성이지만, 한 가지는 확신할 수 있습니다.

소설의 형태가 어떻게 바뀌든 '좋은 이야기'에 대한 수요는 언제나 존재할 거라는 것.

당신은 저를 '소설가(novelist)'라고 부르고 그건 분명 감사한 일이지만, 어쩌면 스스로를 이렇게 소개하는 날이 올지도 모르겠네요. "안녕하세요. 제 이름은 요나스고, 직업은 이야기꾼(storyteller)입니다." TV 시리즈 대본, 영화 각본을 집필할 수도 있겠죠. 뭐든 좋습니다. 이야기꾼을 위한 자리는 언제나 열려있을 테니까요. 제 소명은 어쩌면 제 할아버지가 그랬던 것처럼, 끊임없이 좋은 이야기를 들려주는 것이 아닐까요? 그게 진실이든, 아니든 말이에요. (웃음)

요나스 요나손, «창문 넘어 도망친 100세
노인» 서문 중

나의 할아버지는 청중을 휘어잡는
재능이 있으셨다. 코담배 냄새를 물씬
풍기며 지팡이에 몸을 비스듬히 기댄
채 벤치에 앉아 계시던 그분의 모습이
눈에 선하다. 손주인 우리들은 눈이
휘둥그레져서 묻곤 했다. "할아버지…
그게 진짜 사실이에요?" 그러면
할아버지는 이렇게 대답하셨다.
"진실만을 말하는 사람들의 이야기엔
귀를 기울일 필요가 없단다."
이 책을 그분께 바친다.

요나스 요나손은 1961년 스웨덴 벡셰(Växjö)에서 태어났다. 예테보리 대학교에서 스웨덴어와 스페인어를 공부하고 스웨덴 중앙 일간지 «엑스프레센»에서 10년 넘게 기자로 일했다. 1996년 OTW라는 미디어 회사를 설립해 직원 100여 명을 둔 기업으로 성장시켰고, 2005년 심한 스트레스로 고생하던 끝에 회사를 정리하고 스위스로 이주했다.

—

2009년 첫 소설 «창문 넘어 도망친 100세 노인»을 출간해, 일약 베스트셀러 작가 반열에 올랐다. 데뷔작은 세계적으로 1000만 부가 넘게 판매되며 동명의 영화로도 제작되었고, 2012년 영국 아마존이 선정한 최고의 책 10선, 2012년 미국의 서평 전문지 «커커스 리뷰(Kirkus Review)»가 선정한 최고의 소설이라는 영예를 얻었다.

—

이후 «셈을 할 줄 아는 까막눈이 여자», «킬러 안데르스와 그의 친구 둘», «핵을 들고 도망친 101세 노인»을 출간하며 '요나손 열풍'을 이어가고 있다.

—

차기작 «Sweet, Sweet Revenge Ltd.»는 스웨덴에서 2020년 가을에 출간될 예정이다.

—

instagram @*jonasjonassonauthor*

요나스 요나손
Jonas Jonasson

"

글이 잘 안 풀릴 때면 20분 동안 차를 몰아, 빨간 의자가
있는 어느 도서관을 찾았습니다. 그런데도 글이 잘 안
풀리면 다시 500미터를 이동해, 창문 너머로 아름다운
바다가 보이는 어느 카페에 자리 잡았습니다. 그럼에도
불구하고 글이 잘 안 풀리면 그 바닷가로 떠났습니다.
이조차도 실패하면? 그냥 집으로 돌아왔습니다. 내일은
또 다른 해가 뜰 것이라고 저 자신을 다독이며,
깔끔하게 백기를 들었습니다.

"

**Serang
Chung**

정세랑

Seoul

02

정세랑은 현재 한국 문학계에서 가장 주목받는 젊은 작가이자
뷔했고 '이야기 프리랜서'로서 자신의 자리를 찾았다. 주로 어
은영»은 넷플릭스 오리지널로 제작되어 대중과의 접점을 확장
을 전략적으로 잘 잡아야 한다고 말한다.

성한 작가 중 하나다. 그는 편집자로 일하는 동안 소설가로 데

을 하는 이들의 편에 서는 이야기를 쓰며, 그중 «보건교사 안

. 모두가 글을 쓰는 시대에 그는 쓰기에 앞서, 자신의 포지션

포지셔닝에 대한 고민이 필요합니다

서울 마포구 상암동,
2020년 5월 29일 오후 3시

나와 노트북 하나면 충분하다

《시선으로부터,》[1]는 초판으로 7000부를 찍으려다가 예약 판매 주문량이 워낙 많아 인쇄 당일에 12000부로 늘렸다고 들었어요. 정세랑 덕분에 소설을 써서 돈을 잘 벌 수 있다는 긍정적 인식이 생긴 것 같은데 처음부터 소설가로서 성공해야겠다는 생각이 있었나요?

데뷔 초에는 벌이가 정말 형편없었어요. 저는 그나마 이야기를 많이 쓰는 편이잖아요. 웹소설을 쓰는 지인도 비슷한 말을 한 적이 있는데, 차수나 횟수,

[1]   6월에 출간된 정세랑의 2020년 장편소설. 웹진 주간 문학동네에서 2020년 3월부터 연재되었고, 6월에 단행본으로 출간됐다. 일생에 단 한 번뿐인 제사를 지내기 위해 하와이를 찾은 어느 가족의 이야기를 다룬다.

작품 리스트가 쌓이면서 저작권료 수입이 돌림노래처럼 들어온다고요. 저 역시 비슷하게 책이 쌓이면서 수익이 늘었어요. 제가 제 글과 이야기로 생계를 충분히 책임질 수 있다는 데서 오는 안도감은 분명히 있어요. 다만, 모든 작가들이 그럴 수 없는 상황이 속상해요.

창작 활동만으로 생계를 유지할 수 있는 사람은 여전히 소수겠죠.

원고료도 1990년대부터 거의 그대로인 상태고, 책을 읽는 사람도 줄어들고 있지만 어떻게든 지속적인 구조를 만들기 위해 모두들 노력하고 있어요. 저를 비롯한 작가 대부분 겸업이 많기도 하고요. 프리랜서라서 불리한 부분이 있는 동시에 유리할 때도 있어요.

프리랜서이자 소설가로서 가장 유리한 점은 무엇인가요?

제 이야기를 쓰는 데 다른 사람의 돈이 하나도 필요하지 않아요. 그 독립성이 매력입니다. 꼭 종이책이 아니더라도 텍스트 기반으로 된 이야기는 한 해에 생산되는 양이 엄청나요. 다양한 취향을 만족시키는 온갖 종류의 작품들이 태어나는데, 드라마나 영화, 게임은 그만큼은 아니에요. 어떤 영역이든 텍스트를 벗어나기 시작하면 다른 사람의 자본과 노동력이 필요하거든요.

우선 투자자가 있고, 그들이 원하는 방향이 있어요.
상업적인 이야기를 쓰면 아무래도 맞출 수밖에 없죠.
소설은 그렇지 않아요. 저와 노트북 하나면 끝이기
때문에 누가 선별하는 이야기를 쓰지 않아도 된다는 점이
가장 멋져요.

이제는 소설을 넘어 다양한 형식의 이야기를 쓰는 작가로 영역을
확장하고 있습니다. 직접 쓴 «보건교사 안은영»[2]은 동명의
넷플릭스 오리지널 드라마로 제작 중이고요. 드라마 작업에는
어떻게 참여하게 되었나요?

원래 2017년에 전혀 다른 드라마 대본을 쓰고 있었어요.
결국 그 작품은 엎어졌고, 마침 비슷한 시기에 «보건교사
안은영»이 시작되어 자연스럽게 합류했어요. 제작사
입장에서는 제가 원작자이니 작품 속 세계관을 한번
더 설명하거나 소화시킬
필요가 없잖아요. 배경이
학교인데, 주인공인
보건교사 안은영이
퇴마사로도 활약하는 다소
엉뚱한 내용을 다루고
있거든요. 실패의 경험도
의외로 도움이 되는 것

2   정세랑의 2015년
장편소설. 고등학교 보건교사이자
특별한 현상을 보는 '퇴마사'
안은영이 한문 선생 홍인표와 함께
학교의 미스터리를 풀어나간다는
에피소드 시리즈. 민음사 '오늘의
젊은 작가' 시리즈 아홉 번째 책으로
선정되어 2015년 12월 단행본으로
출간됐고, 현재 넷플릭스 오리지널
시리즈로 제작 중이다.

같아요. 첫 작업이 비록 진행되지는 않았지만 경력이
되더라고요.

현재 자신의 고객을 누구라고 생각하나요?

지금은 소설로 얻는 수입과 각본으로 얻는 수입이 딱
반씩이에요. 그 비율대로 독자와 시청자를 생각하면
되겠죠. (웃음) 드라마 쪽은 아직 공개가 안 되었지만요.
여러모로 저는 그냥 '이야기 프리랜서' 같아요. 제 문장은
짧게 치고 나가는 문장이고, 대화가 많아요. 꼭 소설이
아니어도 괜찮은, 그때그때 매체에 걸맞은 걸 제공할 수
있는 작가인 셈이죠. 매체가 격변하는 시기니까 계속해서
적응해야 할 테지만요. 모든 작가가 비슷한 선택을 해야
한다고 생각하는 것은 절대 아니에요. 소설에만 집중하는
작가도 항상 필요하다고 생각해요. 소설만 쓰고, 소설의
영역을 극한까지 밀어붙이는 작가들요. 다만 제가 그런
작가가 아닌 거죠.
창작자라면 자신의 포지션을 선택해야 하는 순간이
옵니다. '이 분야에서 최고가 되겠다', '이 분야를
지금까지 없던 경지로 끌어올리겠다'라고 생각할 수도
있고, 반대로 '형식에 유연하게 대응하며 파도를 타고
멀리멀리 가겠다' 마음먹을 수도 있어요. 꼭 출판이
아니어도 괜찮은 표현력을 갖고 있다면 웹이나 영상

쪽으로 가보아도 좋은 거죠. 주변 작가들을 보면 유사한
경우가 많거든요. 소설가이면서 웹툰 스토리나 게임
시나리오, 애니메이션 대본, 영화·드라마·연극 대본을
쓰는 분들이 적지 않아요.

창작자 중심으로 온전히 내가 쓰고 싶은 이야기를 쓸 때도 있을 것
같아요.

있어요. 특히 단편일 경우, 타협하거나 지나치게
가다듬지 않고 진짜 가고 싶은 방향으로 스스럼없이
가기 쉬워요. 사실 소설은 무게중심을 바꾸기가 무척
용이합니다. 어떤 날은 '모든 세대에게 호소할 수 있도록
중학생부터 읽을 수 있게끔 평이하게 쓰자' 싶고, 또 어떤
날에는 '머릿속에서 일어나는 어떤 재미있는 현상만
좇아가겠어' 하고 결정해요. 그런데 자본이 끼어들면
복잡해져요. 드라마는 그렇게 쓸 수 없죠. 항상 대중을
생각할 수밖에 없으니까요.

창작자는 일의 연쇄 작용에서 맨 앞에 있다

처음 직업은 편집자였어요. 민음사, 문학동네에서 일하던 때의
경험이 궁금합니다.

> 민음사에서는 한국 문학 및 계간지 팀, 문학동네에서는
> 주로 시집과 청소년 잡지를 만드는 문학3팀에서
> 일했어요. 두 곳에서 정말 다양한 책을 만들었어요.
> 시, 소설, 에세이, 문학 잡지, 청소년 잡지… 요리책도
> 만들어봤어요. 2010년에 등단해서 5년차까지 겸업을
> 했는데, 한 번은 회사에서 쓰러지는 바람에 1년 정도 더
> 버티다가 결국 그만뒀어요. 한창 글을 발표할 기회가
> 많고, 장편소설도 계약한 후라 휴가 때도 계속 글 쓰면서
> 무리했거든요. 편집자는 안 그래도 마감이 있는 직업인데,

제 글까지 마감하다 보니 점점 건강이 나빠졌어요.

정세랑 편집자와 정세랑 작가의 자아는 달라졌나요?

편집자와 작가 말을 다 듣게 되었어요. 편집자일 때는
무슨 사건이 벌어지면 모조리 작가 탓이겠거니 했거든요.
(웃음) 그런데 또 작가로도 활동해보니, 신인 작가를
괴롭히는 편집자도 있더라고요. '항상 작가 문제는
아니구나.' 이렇게 업계의 앞뒤, 양면, 동서를 입체적으로
이해할 수 있어서 유익해요. 특히 저는 (출판권 설정)
계약의 양쪽에 모두 서봤으니 그 계약이 좋은지 나쁜지
판별할 수 있잖아요. 신인 작가들이 계약 문제로 고민할
때 의논하거나, 같이 항의해줄 수도 있고요.

전직 편집자로서 계약 외에 또 배운 점이 있다면요.

연쇄 작용을 알게 된 점이 중요했어요. 저자가 마감을
늦게 하면 그 후로 모든 과정이 밀려요. 디자인, 편집,
제작, 홍보, 유통 모두요. 창작자라는 건 어떤 일의
연쇄 작용에서 맨 앞에 있는 사람이라는 의미입니다.
물론 늦게 마감할 때가 없는 건 아니지만 최대한 늦지
않으려고 노력하는 편이에요. 돌이켜보면 편집자로 일할
때도 배려와 존중으로 임하는 좋은 작가들이 있었어요.

어떤 태도를 취하느냐가 정말 중요하다고 느껴요.

맞아요. 태도가 중요하죠.

저는 회사원 출신이기 때문에 '예술가'라는 자아가 그리 크지 않아요. 협업할 때에도 다른 사람을 애먹이지 않는 게 우선이에요. '나는 예술가니까 마음대로 해도 된다'는 식의 유혹이 많은데 거기에 빠지지 않을 수 있어서 좋아요.

'예술가'의 자아는 주관적 개념인가요?

뭘 하든 한 사람의 시민이잖아요. 그 전제에서 벗어난, 어떤 초월적 존재인 것처럼 행동하는 사람들이 20세기까지의 예술인이었던 것 같아요. 21세기 사람들은 그렇게 잘 행동하지 않지만요. (웃음) 20세기까지는 너무나 모든 게 용인되었어요.

동등한 계약 관계임에도 불구하고요.

자기 파괴적이거나 또는 주변을 파괴하거나. 유해한 성향을 가져도 '예술가라서 저렇지 뭐' 하고 허락되는 분위기가 있었는데 길게 보면 좋지 않더라고요. 작가들

수명이 짧은 게 다 이유가 있어요. 자기 파괴를 하기 때문이에요. 아무도 해치지 않는, 시민으로 제대로 기능하는 예술가들이 늘면 좋겠어요.

《씨네21》과의 2018년 2월 인터뷰에서는 "모두가 친근하게 생각하는 대중 작가 할머니"가 되고 싶다고도 말했었죠. 시간이 더 흐른 뒤에 대중에게 기억되고 싶은 모습이 있나요?

스스로 굉장히 새롭거나, 파격적인 걸 하는 작가라고 생각하지는 않습니다. 저는 사람들이 피곤한 하루를 마치고 집으로 돌아왔을 때, 잠깐 머리를 쉬고 싶을 때 읽는 소설을 써요. 장기적으로는 자기 복제를 심하게 하지 않으면서 동시에 독자의 기대를 꾸준히 충족시킬 수 있는 작가가 되고 싶어요. '오늘은 스티븐 킹[3]의 소설을 읽고 싶어, 오늘은 미야베 미유키[4]의 소설이 읽고 싶어' 등 그 이름에 달린 브랜드가 있잖아요. 저도 제 색깔을 확보하고 퀄리티를 꾸준히 유지해서 독자들이

3   1947년 미국 출생. 공포, 초자연, 서스펜스, 과학 및 환상 소설의 작가이자 극작가, 음악가, 칼럼니스트, 배우, 영화제작자, 감독이다. 호러 소설로 가장 유명하며, '호러 킹(King of Horror)'이라는 별명을 갖고 있다.

4   1960년 일본 출생. 일본의 대표적인 대중소설가이자 추리소설가. 대표작으로 《이유》, 《모방범》, 《화차》 등이 있으며, 인간 군상이 등장하는 르포식 추리소설, 사회파 미스터리로 유명하다.

언제든지 손을 뻗어 읽을 수 있는 작가가 되면 좋겠어요.
작품과 작품끼리 연결되어 세계관도 확장되길
바라고요.

덧붙여 '정세랑의 소설'을 정의 내린다면요.

독자와의 대화라고 생각해요. 독자들이 소설 속 인물과
친해지고 싶어 하거나, 닮고 싶어 한다는 느낌을 받을
때가 있거든요. 그래서 존재하는 사람과 존재하지 않는
사람의 대화를 사회자처럼 제공하고 이끌고 싶어요.
기왕이면 유익한, 더 나은 쪽으로 걸어가고 싶게 만드는
대화를 상상하려 하고요. 소설은 그 자체로 끝나는
폐쇄적인 세계가 아니라 독자가 같이 읽어주기 때문에
자꾸 바깥으로 번져요. 그런 것에 대한 책임감도 느끼고,
어떨 때는 좀 두려울 때도 있어요.

소설의 영향력이 점점 커지겠어요.

제가 잘못된 방향의 이야기를 쓸 수도 있겠죠. 물론
가상의 이야기가 현실에 미치는 영향은 미미하지만,
이게 쌓이면 또 위력적이거든요. 사회의 어떤 변화가
소설이나 다른 창작물에서 시작되는 경우가 분명히
있어요. 그래서 늘 삼가며 쓰고 있어요.

개인적으로는 단편 중 하나인 〈7교시〉[5]를 인상적으로 읽었어요.
2018년에 발표한 작품인데, 바이러스가 전 세계로 퍼져나가는
상황을 묘사한 장면이 현실과 똑같더군요. 영화 〈컨테이젼〉도
떠올랐고요.

> 다들 항공 허브에 대해 걱정했던 것 같아요. 홍콩이나
> 싱가포르의 큰 공항에 갔을 때 떠올렸던 게 아닌가
> 싶어요. 매해 반복되는 닭과 오리, 돼지의 폐사에서도
> 영향을 받았고요.

책 마지막에 있는 '작가의 말'을 읽다 보니 정말로 독자에게
대화를 건네듯, 자신의 작품에 친절하게 코멘트를 달았어요.
좋은 장치라고 생각했어요.

> 다들 궁금해하시는
> 정보를 따로 안 적었더니
> 그동안 질문을 너무 많이
> 받았거든요. (웃음) '이
> 작품의 아이디어는 어떻게
> 떠올렸을까', '어디서
> 착안했을까'를 제일
> 궁금해하시는 것 같아요.

5   정세랑의 단편 모음집
《목소리를 드릴게요》에 실린
작품 중 하나. 200년 뒤 시점으로
현대사를 배우는 상황을 묘사했다.
23세기에는 환경주의와 생명권,
배양 단백질 등이 보편화되어
사람들이 더 이상 동물을 잡아먹지
않으며, 인구를 조절해서 생태계의
존속을 가까스로 유지한다. 작가는
21세기에 바이러스가 퍼지는 상황,
인류가 다른 화성으로 이주하려는
계획 등을 묘사했다.

〈7교시〉는 〈리셋〉과는 다른 세계에 있는 초단편이다.
에드워드 윌슨의 《지구의 절반》을 읽고 영향을 받았다.
나는 정말로 여섯 번째 대멸종이 두렵다. 조류 관찰을
좋아해서 전 세계의 관련 단체 소식을 받고 있는데,
모두 개체 수 급감에 아득하게 절망하고 있다. 요새
'극단적인 환경주의자'라는 소리를 자주 듣지만 새들이
다 사라져가는 세계에 아무것도 느끼지 못하는 사람들이
더 치우친 게 아닌지 항변하고 싶다. 욕망은 점점
단순하게 수렴해서, 흔들리는 나뭇가지 사이를 누비는
작은 새들을 보고 싶은 마음뿐이다. 우리는 이제
우리와 닮은 존재가 아닌 닮지 않은 존재를 사랑하는
법을 배워야 하지 않을까? 사랑의 특성은 번지는 것에
있으므로 머지않은 날에 정말 가능할지도 모른다.

내가 만든 세계도 결국 균형의 문제다

식물 키우는 취미가 있나 봐요(자택 거실에 크고 작은 화분이
아홉 개 있었다).

> 한때 식물에 푹 빠져 희귀 식물을 구하러 다닌 적도
> 있어요. 구하기 어려운 종을 공동 구매하면 컨테이너로
> 소량 수입되고 그러더라고요. 공기 정화에 도움이 될
> 만큼 식물들이 엄청 많은 건 아니지만, 간혹 싹이 하나씩
> 올라올 때마다 느끼는 즐거움이 있어요.

글 쓰는 공간은 어떻게 구성하나요?

> 저는 집안을 돌아다니면서 써요. 이 의자에 앉았다가

저 의자에 앉았다가…. 높낮이를 조절할 수 있는 스탠딩
데스크를 이케아에서 샀어요. 거기 서서 쓰다가 침대에서
쓰기도 하고요. 거실에도 큰 테이블이 하나 있습니다.

집안 곳곳에서 쓰는군요. 쓰지 않을 때는요?

자료 조사를 많이 해요. 있는 대로 다 끌어모아요.
주로 책이나 기사 혹은 다큐멘터리지만, 종종 공공
비치 자료 같은 것도 읽습니다. 대여할 수는 없지만
전문 연구 요원들이 기록해둔 좋은 자료가 많거든요.
국립중앙박물관이나 서울역사박물관을 특히 좋아해요.
인터뷰도 매번 하고요. 관심이 가는 직업을 가졌거나
특이한 경험을 하신 분들에게 이야기를 들어요. 사실
인터뷰한 걸 많이 반영하기는 어려운데, 그래도 알고
쓰는 것과 모르고 쓰는 건 다르니까요.

소설가는 팩트 위주로 전달해야 하는 기자보다 사실 관계를
확인해야 한다는 부담은 덜할 것 같은데요.

팩트 체크를 하긴 하지만, 창작할 때 그렇게 우선순위가
높지는 않아요. 최대한 정확하게 쓰는 걸 목표로 해두고,
그러다가 상충하는 요소가 생기면 슬쩍 하나를 굽혀버릴
때도 있어요. 픽션이니까요.

소설을 읽다 보면 작품 속 세계관이 긍정적인 편이에요. 비록 엉망진창인 현재의 문명을 경계하지만 그래도 '정세랑 월드'가 더 나은 방향으로 가지 않을까라는 기대도 느껴지고요. 평소 본인도 낙관적인 편인가요?

네, 시점이 달라서 그런 것 같기도 합니다. 지금 끔찍한 일들이 일어나고 있지 않다는 말이 아니에요. 다만 물러서서 100년 단위로 보면 세계는 확실히 나아지고 있다는 거죠. 다만 사람들을 좌절시키는 건, 자신이 원하는 세계가 자신의 수명 안에 오지 않을 가능성이 높다는 사실이 아닐까 합니다. 그래도 지금 그것을 원하면 다음 100년은 분명히 변한다고 생각해요. 그런 면에서 세상을 낙관적으로 봐요. 제가 원하는 세계도 제가 죽기 전에는 안 올 것이기 때문에 시선을 멀리 던지고 견디면서 사는 거죠. (웃음) 이상한 종류의 낙관입니다. 매일 처참한 사건을 접하고 괴로우면서도, 인류가 끝내 괜찮은 방향을 택할 거라고 믿어요.

'정세랑 월드'에 어떤 법칙도 있나요?

기본적으로 현실 세계의 인구 구조를 닮고자 해요. 엄청 치밀하지는 않지만 성별, 연령대, 계층, 인종, 국적, 소수자성 등이 반영된 가상의 모델을 떠올리며 쓰는 거죠. 《목소리를 드릴게요》에 나오는 〈리셋〉의 경우로 말씀드리자면 제가 아시안이니까 아시아는 두 번, 그리고 유럽과 아메리카는 각각 한 번씩 배경이 되는 식입니다.

현실에 근거해 재창조하는군요.

자칫 잘못하면 너무 자신과 닮은 집단의 인물군만 쓰게 될 수 있거든요. 물론 그래도 상관없지만, 개인적인 취향으로는 서로 닮지 않은 인물들이 어우러지는 걸 좋아해요.

《피프티 피플》에는 실제로 51명의 인물이 나와요. 51명의 개별 직업을 묘사할 때 신경 쓴 점이 있을까요?

그 작품을 준비하고자 여러 직업인들을 인터뷰했어요. 소설을 쓸 때는 인물들이 특정 직업을 대표하기보다는 그냥 한 명의 개인, 시민으로 묘사되었으면 싶었고요. 가령 의료인이라고 항상 봉사와 희생만 할 수는 없잖아요. 사적인 삶과 공적인 삶이 잘 배합되길 바랐어요. 기본적으로 직업이 인생의 많은 부분을 차지하기 때문에 직업인을 묘사하는 데 중점을 두면서도, 너무 소명 의식으로만 쏠리지도 않으려고 해요. 결국 균형의 문제입니다.

모든 직업이 다 그렇겠지만 프로 의식과 실력이 가장 중요했다.
(⋯) 직접 칠 일은 없어도 플레이어의 스윙 자세가 흐트러졌을
때 말해줄 수는 있어야 했다. 좋은 조언자, 거슬리지 않는
조언가가 되는 게 중요했다. 사람마다의 특성을 재빠르게
파악해서 조력하는 것. 세심하게 눈여겨보고 채를 건네고, 방향을
이야기해주고, 라이를 잡아주⋯⋯ 경력이 쌓일수록 확실히
느는 부분이 느껴졌다. 덕분에 잘 풀렸습니다, 같은 인사를 들을
때가 가장 좋았다. 어떤 디테일들에 공을 들였는데 상대가 그것을
알아차려주면 역시 좋은 것이다. 체력도 처음 일을 시작했을
때보다 더 나아져서 라운딩을 거듭 돌 때에도 끄떡없었다.

궁극적으로 '앱'으로 남고 싶다

평소 우리 사회에서 소외되어 있던 이들의 이야기를 자주
들려주는 편이에요. 유년 시절의 정세랑은 어떤 사람이었나요?

어릴 때 아팠던 적이 있어서 10대, 20대를 그리 활발히
보내지 못했습니다. 호흡 관련 발작 때문에 약을 3~4년
먹었어요. 그렇게 초, 중학교 때 계속 치료받으면서 '내가
그렇게 건강한 편은 아니구나'라고 느꼈죠. 아무래도
신체 활동에 제약이 있었으니까요. 그래서 아픈 사람,
아팠던 사람을 더 좋아하는 것 같기도 해요. 건강하지
않은 사람들만의 친절함 같은 게 있거든요. 위염 있는
친구는 늘 부드러운 음식을 주고, 허리 아픈 친구는 항상
좋은 의자를 권하듯이요. (웃음) 지금은 발작이 나았지만

언제든 증세가 돌아올 수 있으니 무리하지 않아요. 사실 원인도 모르고 치료법도 애매한 병이거든요.

아팠던 경험이 세상을 더 섬세하게 볼 수 있도록 했군요.

한편으로는 저의 한계를 인식하고 계속 안고 가는 거죠. '롤러코스터를 연달아 미친 듯이 타는 사람'은 못 된다는 것? 말씀드리고 나니 별 건 아니네요.

창작할 때 실패한 경험도 있나요?

20대 때 경험했죠. 문학 공모전에 정말 많이 떨어졌습니다. 각종 신인상과 공모전에 10번 이상 떨어졌는데 언젠가부터 세지도 않았어요.

그래도 2013년에 창비장편소설상을, 2017년에 한국일보문학상을 수상했어요.

작가로 자리 잡는 데 문학상의 도움을 많이 받았어요. 요즘은 어떤 특정한 경로를 밟아야만 다음 단계로 나아갈 수 있는 구조가 무너진 게 좋은 것 같아요. 이제는 꼭 어느 지면으로 데뷔하지 않아도, 특정 상을 받지 않아도 작가들이 자연스럽게 인정과 사랑을 받더라고요.

불과 몇 년 사이에 분위기가 달라진 거죠. 여러 경로로
재미있는 작가들이 많이 등장해서 기쁩니다.

이미 다양한 플랫폼에서 활동하고 있지만, 나중에 본인 작품을
다른 방식으로 발표하고 싶은 생각도 있나요?

지금은 아니고, 궁극적으로는 단독 '앱'이 되면 좋겠다는
생각을 해요. 몇 년 전에 박완서 선생님의 전집이 앱으로
나왔는데 근사했거든요. '21세기의 존경받고 사랑받는
작가들은 사후에 앱이 되는구나' 싶었습니다. 수십 년 뒤
매체가 어떤 모습이 될지는 모르겠지만 멋진 일이에요.
요 몇 년 동안, 출판사를 직접 차려 친환경 인쇄나
전자책으로 이런저런 실험도 해보고 싶었는데요. 여기서
일을 더 늘이면 큰일난다는 걸 알기 때문에 미루고
있습니다.

작가로서 전집에 대한 욕망이 있겠네요. 문학동네, 민음사,
창비, 미메시스, 아작, 난다 등 출판사가 모두 다르다 보니 독자
입장에서도 한데 모아 볼 수 있으면 편리할 것 같아요. 검색도 할
수 있고.

계약을 너무 사방에 해서… 실패했습니다. (웃음) 그러나
언젠가는 앱이 되고 싶습니다.

여러 출판사와 함께 일하면서 그들의 태도나 포지션 면에서
영향을 받은 점이 있을까요?

출판사들을 포함해 콘텐츠를 다루는 업계가 얼마나
능동적이고 장기적인 관점을 가지고 움직이는지
배웠어요. 밖에서 보는 것보다 투자는 훨씬 일찍
시작됩니다. 한 편의 글, 처음 반짝이는 가능성만으로도
부글부글 일들이 일어나죠. 사람들은 보통 출판계를
생각할 때 우아하고 지적인 이미지를 떠올릴 텐데, 저는
흥망이 크게 교차하는 도박판처럼 느껴요. 개성 있는
신인을 보면 '일단 2권 계약하고 보자' 덤비는 그런
배포가 저를 늘 웃게 해요. 그 계약이 몇 년 후에 어떤
결과물이 될지는 아무도 모르는 게 관전 포인트입니다.
콘텐츠 업계 전반에 비슷한 분위기가 있다고 봐요.
드라마로 진입할 때도 마찬가지였어요. 각본이라고는
한 편도 써본 적이 없는데 갑자기 찾아와서 "당신,
이제부터 드라마를 써야 해요"라고 말하는 상황이
당혹스러우면서도 즐거운 종류의 충격이었어요.

듣고 보니 선물 투자 같네요.

모두들 촉을 세우고 살피고 견제하고… 점잖지도 않고
느리지도 않아요. 너무 한쪽으로 우르르 몰릴 때에는

우스꽝스러워지기도 하고요. 시장의 움직임이란 원래 좀 그런 것이겠지만요.

출판사나 드라마 제작사가 계약을 서두르는 이유가 따로 있나요? 계약서는 어느 정도 표준화되어 있잖아요.

계약을 미리 해두는 게 부담스럽고 스트레스 받는 일이다 보니, 다 완성하고 나서 계약하려는 작가들이 늘고 있거든요. 요새는 특히요. 그런 경우 살짝 타이밍을 놓치면 경쟁사에 뺏길 가능성이 높아집니다. 그래서 일단 계약금을 곧바로 지급하고, 5년이든 10년이든 뭔가 가져오기를 기다리는 듯해요.

정세랑의 최근 작품들은 모두 몇 년 전 계약의 결과물이었군요. 앞으로의 계획도 궁금해요.

오래전부터 쓰고 싶은 원작이 하나 있습니다. 소설로 먼저 쓴 다음에 드라마로 개발하고 싶어요. 어떤 기획서보다 단행본이 큰 힘이 돼요. 다른 이에게 작품을 설명하는 시간도 절반으로 줄고, 저작권도 분명히 보호받을 수 있고요. 앞으로 몇 년 동안 할 작업들은 과거의 제가 내린 결정들을 실행하는 것에 가깝겠지요.

확신이 있을 때는 외부를 신경 쓰지 않는다

스스로 젊은 작가라고 생각하나요?

제가 2010년에 데뷔했으니 이제는 허리 세대로
들어가고 있다고 생각합니다. 11년차와 1년차가
맞닥뜨리는 경험은 확실히 다르기 때문에, 계속 신인인
척 살면 안 되겠죠. 책임감을 느껴요. 제가 주로 하는
일은 판을 뒤집는 것이기도 해요. 공동 프로젝트인데
제대로 된 대가를 주지 않는다거나, 계약 조항이
이상하면 의문을 제기하는 역할을 하려고요. 그걸
1~2년차가 하기란 어려워요. 신인들이 하면 다치는
일을 할 수 있는 작가들이 대신하는 분위기가 되었으면
합니다.

이제는 목소리를 낼 수 있는 힘을 가져서인가요?

> 어느 정도는요. 그렇다고 중견이라 불리기에는 또
> 애매해서, 대충 허리 세대라고 하고 있어요. 언제부터
> 중견인지는 잘 모르겠어요. 20~30년 차려나요?

그 마음가짐이 글을 쓸 때도 드러나나요? 더 거리낌 없이 쓸 수도
있고, 자기 검열을 더 할 수도 있고요.

> 확신이 있을 때는 밀고 나갈 수 있게 되었습니다.

확신이요?

> '지금 쓰는 것에 의미가 있다'는 확신이요. 그 내용과
> 형식에 의미가 있다고 생각하면 다른 누가 뭐라고 해도
> 바꾸지 않아요. 《섬의 애슐리》[6]를 예로 들 수 있겠네요.
> 이 작품은 원래 신인일 때 썼는데 그때는 결국 싣지
> 못했어요. 당시 출판사에서
> "(배경을) 한국으로 옮겨라,
> 제주도와 일본 이야기로
> 변경해라"라는 말을 들었고,
> 동의할 수 없어 작품을
> 빼기로 했어요. 그렇게

---

6   정세랑의 2018년 작품.
관광지인 섬에서 전통 춤을 추던
애슐리의 삶이 소행성의 충돌로
격변을 겪는다는 내용. 미메시스의
문학 시리즈 '테이크아웃' 첫 번째
책으로, 정세랑의 글과 한예롤의
일러스트를 함께 엮어 2018년
6월에 출간되었다.

수정하면 완전히 다른 작품이 되니까요. 《목소리를 드릴게요》에 수록된 〈리틀 베이비 블루 필〉은 주인공이 없는 이야기예요. 편집부에서는 '독자들이 익숙하게 받아들일 수 있게 메인 주인공을 만들지 않겠느냐'라고 제안해왔죠. 물론 이건 편집부의 고민이니 그렇게 말할 수 있습니다. 이제는 그런 제안에 "그렇게 하면 이 단편은 아예 다른 단편이 되어서 안 됩니다"라고 더 편하게 의견을 나누는 게 가능해져서 좋습니다.

다행히 《섬의 애슐리》도 늦게나마 원작 그대로 출간되었어요.

경력 초반에 《섬의 애슐리》를 그렇게 거절당했을 때는 그게 신인에게 가해지는 기성 문인들의 압력이었기 때문에 마음이 많이 상했었어요. 되새김질도 많이 했지만, 이번에 〈리틀 베이비 블루 필〉을 원래 형태로 남기겠다고 할 때는 전혀 다른 상황이었습니다. 아무도 그렇게까지 심한 압력을 행사하지 않았고, 저 역시 부드럽게 거절하면 되었으니까요.

직업적으로 어떤 전성기가 있다고 생각하는 편인가요?

작가마다 평균적인 전성기가 있다고 생각하진 않아요. 뇌가 제일 활발한 나이는 30~50대라고 듣긴 했는데,

그 나이 전후로도 좋은 작품을 내는 분들이 많잖아요.
대신 술이나 담배, 약물을 하지 말아야겠다고 다짐해요.
혈관 건강이 뇌 건강으로 이어지지 않나 싶어서요.

일하면서 한계를 느낀 적도 있어요?

드라마 작업을 할 때 평소보다 오래 쓴 적이 있어요.
아무래도 첫 작업이라 중압감도 있었고, 전체 분량이
길어서 하루에 거의 12시간씩 썼는데 우울해지는
거예요. 근무시간이 법으로 정해져 있는 데는 다 이유가
있다는 걸 깨달았어요. 아무리 좋아하고, 하고 싶은 일도
12시간씩 하는 건 무리더군요. 그 후로 일하는 시간을
최대한 줄이는 쪽으로 애쓰고 있습니다.

시간을 줄이면서 생산성을 높여야겠어요.

쉴 때 죄책감 없이 잘 쉬고 싶습니다. 다 놓고 푹 쉬는
시간을 가졌더니 슬럼프에서 벗어났어요. 마음이
급하다고 계속 앉아 있는 버릇을 버렸어요. 그런데
예술가들은 자기 혹사의 함정에 쉽게 빠질 수밖에
없어요. 좋은 기회가 왔을 때 최선을 다하려다가 오히려
망가지는 거죠. 제가 제 자신의 고용주인데, 너무
가학적으로 일하지 말아야지 자주 생각해요.

기존에 없던 걸 찾아야 한다

요즘은 다들 작가라는 직업에 관심이 많아요. 독자에게 추천할 만한 팁이 있을까요?

전략에 대해 말씀드리는 게 나을 것 같아요. 포지셔닝에 대한 고민이 필요하다고 자주 느낍니다. 어떤 작품을 잘 써서 결과물을 완성하는 것도 중요하지만, 시작 전에 다른 사람과 겹치지 않는 방향으로 가고 있나 확인하는 게 어쩌면 더 중요할지 몰라요. 좋아하는 작가가 있으면 아무래도 그 글을 닮아가는 경향이 있는데 그 방법으로는 프로페셔널이 되기 어려워요. 그보다는 다소 거칠더라도 기존에 없던 자신만의 색깔을 진하게 만드는 쪽이 확률이 높습니다. 물론 업계 바깥의 개인으로서, 스스로를

박준기, '한국 문학 희망편: 정세랑' 중
(작가 덕질 아카이빙 《글리프》 1호,
2019.9.28)

달라지지 않을 것 같던 지루한 풍경 속에서도 또렷하게 달라진 점이 있다. 우리는 이제야 비로소 문학을 더 이상 '숭배'하지 않고, '소비'할 수 있게 되었다. 장르별 위계 따위에 갇히지 않고 재미있는 작품들을 골라낼 수 있게 되었고, 더 이상 작가의 등단 이력이나 수상 이력에 가치를 두지도 않는다. 좋은 작품을 좋다고 말하며 읽을 뿐이다.

또한 이제 우리에게는 새로운 작가를 기대하고 알아볼 감수성을 갖춘 독자와, 그 새로운 감각에 충분히 부응할 수 있는 작가들이 든든하게 있다는 것을 안다. 그 중심에 정세랑이 있다.

어떻게 포지셔닝할지 가늠한다는 것은 매우 어려운 일일 거예요. 그래도 진입하고 싶은 세계가 있으면 꼼꼼하게 조사해야 합니다. '내 글을 어느 위치에 둘까.' 바둑과 비슷하려나요? 어디에 돌을 두느냐의 문제입니다. 모두가 글을 쓰는 시대이기 때문에 이미 있는 걸 피하는 게 쉽진 않지만, 어쨌든 자신만의 무언가로 뾰족하게 뚫고 나가야 합니다.

마치 계보를 파악하듯 거시적으로 바라보는 연습을 해야겠어요.

잡지를 만드는 편집자였던 게 큰 도움이 되었어요. 요새는 종종 작품 심사에 참여하는데요, 완성도가 높아도 기존 작품을 과하게 연상시키면 다른 쪽을 선택하게 되더라고요. 마음이 이끌리는 대로 원고지 1000매를 쓰는 것도 좋지만 그게 선택되지 않으면 아깝잖아요. 주제나 소재는 사실 겹쳐도 괜찮은데, 스타일까지 같으면 안 되겠죠. 어떤 글을 읽었을 때, 곧바로 떠오르는 작가 고유의 톤은 큰 강점이 됩니다.

스스로 전략적인 사람이라고 생각하나요?

처음부터 업계 안쪽에서 시작했기 때문에 운이 좋았죠. 요즘 어떤 작가들이 있고 문학계가 대략 어느 방향으로

흐르는지 정보를 접할 수 있으니까요. '중간문학[7]'을
하는 사람이 없네? 그럼 빈 구석은 저기다!' 하고 움직인
셈이라 전략적이었네요. 문단과 장르에 양발을 걸친
작가가 부족하다고 판단하고 그걸 제 자리로 삼으려고
계획했어요.

처음부터 소설을 쓰려던 건 아니었군요.

원래는 동화를 쓰고 싶었어요. 그러나 그쪽으로 진로가
풀리지는 않았죠. 빈 구석을 못 찾았어요. (웃음)

전략이 중요하다는 말에 동의해요. 열정만으로는 어려운
시대니까요. 자리를 잡았으니 언젠가 동화를 쓸 기회도 있겠죠?

그래서 혼자서만 일하면 안 된다고 느껴요. 혼자 접할
수 있는 정보에는 한계가 있으니까요. 창작자들 사이의
교류가 지금보다도 활발해졌으면 해요.

마지막으로, 지금 하는 일과 삶의
원칙이 있을까요?

제가 꼭 써야 하는 글이
아니면 쓰지 않는 것.

7   순수문학의 작품성과
대중문학의 재미를 동시에 갖춘 문학
장르. 1960년대 미국의 문화평론가
피들러가 처음 사용한 단어로
«프랑켄슈타인», «앵무새 죽이기»,
«호밀밭의 파수꾼» 등이 대표 사례다.

다른 누군가가 쓰는 게 더 적합할 것 같으면 추천도 자주 합니다.

역시 포지셔닝에 관련되어 있네요.

맞아요. 시간도, 자원도 한정적이잖아요. 아무리 좋아 보여도 장기적으로 가치 있는 일, 제가 가고자 하는 방향에 맞는 일이 아니면 하지 않는 쪽을 택합니다.

정세랑은 1984년 서울에서 태어났다. 대학에서 역사교육학과 국문학을 전공했고, 민음사와 문학동네에서 편집자로 일했다.

—

2010년 «판타스틱»에 ‹드림, 드림, 드림›을 발표하며 작품 활동을 시작했다. 2013년 «이만큼 가까이»로 창비장편소설상을, 2017년 «피프티 피플»로 한국일보문학상을 받았다. 2017년부터 드라마 각본 작업을 시작했으며, «보건교사 안은영»은 넷플릭스 오리지널로 공개될 예정이다.

—

주요 작품으로 소설집 «옥상에서 만나요», «목소리를 드릴게요», 장편소설 «덧니가 보고 싶어», «지구에서 한아뿐», «재인, 재욱, 재훈», «보건교사 안은영», «시선으로부터,» 등이 있다.

—

현재 한국 SF 전문 잡지 «오늘의 SF»의 편집위원이기도 하다.

—

instagram @serang_c

정세랑
Serang Chung

"

저는 동시대 작가들을 정말 좋아해요. 특히 SF작가들을
좋아해서 한국과학소설작가연대에서 활동하는
분들이나 문학계의 다양한 작가들과 교류하고 있어요.
서로 지지하고 연대하는 분위기가 강해져서 안심이
됩니다. 고전을 읽는 것도 좋아해서 과거의 작가들과
모두 연결되어 있다고 생각하는 편이에요. 제인 오스틴
(Jane Austen)의 작품은 언제 읽어도 좋아요. 상쾌한
스마트함을 사랑합니다. 《프랑켄슈타인》을 쓴 메리
셸리(Mary Shelley)도 좋아해요. '이 사람이 나의
선조구나'라고 생각했다면 이상한가요? 버지니아 울프
(Virginia Woolf)의 글도 반복해서 읽습니다.

"

**Marc
Levy**

마르크 레비

New York

마르크 레비는 프랑스 대중이 가장 사랑하는 작품을 쓰는 소

가이다. 그는 첫 소설 «천국 같은»의 성공에 힘입어 건축가

의 재능을 펼쳐보이고 있다. 세상의 편견과 증오, 억압에 반대

예외 없이 술술 읽히는 가독성과 풍부한 유머, 상상력으로 독

, 작사나 연극, 시나리오 작업에도 적극적으로 참여하는 소통
가로 전업했고, 이후 20여 편의 작품을 통해 천부적 이야기꾼
과 정의, 자유를 옹호하는 로맨티스트이기도 한 그는, 매 작품
ㅣ계를 구축해오고 있다.

글 쓰는 일은 항해와 같아요

미국 뉴욕 근교의 친구 별장에 있는 마르크 레비와 두 차례 화상 인터뷰,
2020년 6월 11일 오후 12시, 2020년 6월 12일 오전 9시

이토록 다양한 일을 겪기에 인생은 충분치 않다

며칠 사이 당신의 인스타그램 피드에 강렬한 티저 영상 몇 편이 올라왔던데, 새로운 프로젝트와 관련된 건가요?

> 제 다음 소설인 «9»의 예고편입니다. 세 권짜리 시리즈물인데 첫 번째 타이틀은 «C'est arrivé la nuit», 두 번째 타이틀은 «Le cris de la poussière», 그리고 마지막 건 아직 말해줄 수 없어요. (웃음) 9월 21일에 처음 것이 나오고, 이후 차례차례 출간될 예정입니다.

이번 «잡스 - 소설가»의 인터뷰 참여를 결정한 이유가 있다면요?

> 흥미로운 인터뷰 제안에 "노"라고 대답하는 건 굉장한

실례이죠. 이 세계에 있는 많은 작가 중에서 제가 선택 받은 건데, 그렇다면 "예스"라 말하는 일이 최소한 예의가 아닐까 합니다.

당신이 있는 뉴욕은 현재 일련의 이슈로 뜨겁게 달아오르는 지역이기도 한데요. 영화나 소설보다 더 드라마틱한 상황 속에서 어떻게 지냈나요?

뉴욕에 살면서 야간 통행금지령을 경험하리라고는 상상해본 일이 없었죠. 저녁 8시 이후로 외출이 허용되지 않는, 전쟁 통과 흡사한 상황이었습니다. 실제로 우리가 전장 한복판에 있다는 걸 인지하는 데, 저로서는 시간이 꽤 걸렸습니다. 지금의 상황은 현재 정권을 잡은 '권력'의 술책을 끝내려고 민주 사회 전체가 요동치는 이념 전쟁이라고도 바꿔 말할 수 있죠. 지난 3년간 공화당은 미국이라는 나라가 지켜온 근본을 포기하고, 민주주의의 가치를 훼손하는 상황을 침묵으로 일관했습니다. 마치 1930년대 독일 정부가 그랬듯 말이죠. 제가 좋아하는 프랑스의 소설가인 로맹 가리[1]는 "꽃병에 담긴 셀 수 없는

1   1914년 러시아 태생의 유태계 프랑스 작가. 1935년 문예지 《그랭구아르》에 단편 〈폭풍우〉가 당선되면서 데뷔했다. 에밀 아자르(Émile Ajar)라는 가명으로도 알려져 있다. 대표작으로 《유럽의 교육》, 《하늘의 뿌리》, 《새들은 페루에 가서 죽다》, 《자기 앞의 생》 등이 있다.

물방울들이 넘치지 않는 건 놀라운 일이다"라고 말한 적이 있는데요, 지난 5월 25일 조지 플로이드[2]가 경찰의 무릎 밑에 깔려 사망하면서 결국 이 꽃병의 물이 넘치고 말았습니다. 인종차별 문제는 과거와 비교해서 현재 더 심화했다고 보지 않아요. 특히 흑인에 대한 인종차별의 경우, 본디 우리 사회의 고질적 문제죠. 조지 플로이드의 죽음과 유사한 사건이 그간 셀 수 없이 많이 자행되었고, 제대로 처벌되지 않았다는 사실 또한 우리 모두가 잘 인지하고 있죠. 과거와 달리 한 가지 차이가 있다면, 이제는 일련의 상황이 '모두의 눈에 의해' 촬영된다는 것입니다. 억압과 폭력, 불평등, 그리고 독재정치를 투명하게 비추는 카메라의 숫자가 늘어났습니다. 인종차별에 반하는 현 미국의 움직임은 새로운 시대, 더 나은 모습으로 변화할 미국의 새로운 미래 같아요. "아버지가 세상을 변화시켰습니다"라고 말한 조지 플로이드 딸의 이야기가 제 마음을 울렸습니다.

뉴욕에 산 지는 얼마나 되었나요?

햇수로 11년째입니다. 지금껏 짧고 긴 기간을 머무르면서 다양한 나라를 거쳐왔어요. 워낙 세상이

2   2020년 5월 25일 미국 미네소타 주 미니애폴리스에서 경찰의 과잉 진압으로 사망한 비무장 상태의 흑인 남성. 플로이드의 무고한 죽음에 항의하는 시위는 미니애폴리스를 넘어 미국 140개 도시로 확산되고 있다.

가진 여러 '얼굴'에 관심이 큰 사람이라서요. 저는 아주 어릴 때부터 완전히 다른 문화를 발견하고 제 것으로 간직하고 싶은 열망이 컸어요. 언제나 여행하는 삶을 꿈꿔왔습니다. 새로운 문화를 경험하는 일은 감수성을 기르고 타인과 그들의 문화를 포용하는 마음 또한 자라게 해요. 자신의 문화에 대해서도 훨씬 더 깊고 풍부한 시각으로 바라볼 수 있게 해주죠. 아마 당신이 하는 일, 그 일을 하는 소명을 발견하는 일에도 크게 도움이 될 거예요.

당신이 말하는 문화의 범위가 어디까지라고 이해하면 될까요?

우리가 사는 삶 전반에 대한 이야기입니다. 예컨대 우리 삶에서 음식은 굉장히 중요한 부분을 차지하고 있죠. 저는 다른 도시를 여행할 때 가장 유명한 박물관을 묻기 이전에 시장의 위치부터 파악합니다. 시장에 가면 그 도시에 사는, 진짜 사람들과 만날 기회가 생기거든요. 동시대 사람들 본연의 모습, 꾸밈없는 그대로를 발견할 수 있죠. 사소한 말다툼을 벌이는 사람, 시간에 쫓겨 허둥지둥 쇼핑만 하고 떠나버리는 사람…. 이렇듯 다양한 모습을 관찰하는 일이 제게 가장 큰 즐거움 중 하나입니다.

여러 장소 중에서도 왜 하필 미국을 '집'으로 선택했나요?

10대 시절부터 미국 문화를 동경해왔습니다. 미국에 대한 제 동경은 존 스타인벡[3]의 《분노의 포도》를 읽으면서부터 시작되었는데요. 이 책은 오늘날 마르크 레비를 만드는 데 중대한 역할을 했습니다. 마치 미국 예술사에 에드워드 호퍼가 한 축을 맡았던 것처럼 말이죠. J.D. 샐린저[4]의 《호밀밭의 파수꾼》과 같은 명작들을 접하며, 점점 더 미국에 가보고 싶어졌고, 가야만 한다는 신념이 확고해졌어요. 그래서 17세 때, 실제로 미 대륙에 발을 디뎠습니다. 친구들과 플로리다 남쪽에서 출발해서 캐나다로 향하는 로드 트립을 강행했거든요. 두 달여의 여행 기간 내내 다양한 문화를 접했고, 거기서 한 경험은 말로 다 표현할 수 없을 만큼 강렬했습니다.

그때 처음으로 이토록 다양한 일을 겪기에 인생은 충분치가 않다고 생각하게 되었죠. 그래서 저는 부디(현재 상황으로 인해) 앞으로의 제 여행이 끝나지 않길 소망합니다.

[3]　　　1902년생. 미국의 소설가. 노동자의 가난한 삶을 현실적으로 묘사한 작품과 따뜻한 시선으로 사회를 통찰하는 것이 특징이다. 1962년 노벨문학상을 수상했다.

[4]　　　1919년 뉴욕 출생. 미국의 소설가. 1951년 발표한 《호밀밭의 파수꾼》으로 대중적 성공을 거뒀다. 주인공 홀든 콜필드를 통해 묘사한 청춘기의 소외감과 순수함의 상실은 특히 젊은 독자에게 큰 영향을 주었다.

글 쓰는 일은 항해와 같아요

앤 매카시(Anne McCarthy), 마르크
레비 인터뷰(An Interview with Marc
Levy, France's Widest Read Author) 중
(«France Today», 2017.7.7)

"나는 경계를 믿지 않는다. 특히 문학에서는 더더욱.
어떤 사람들은 벽을 쌓지만, 작가들은 지평선을 그린다.
근시안적인 정치인들이 피부색이나 믿음, 또는 국적으로
인류를 나누려 하는 곳에서 작가는 세계의 다양성을
포용한다."

남을 조롱하기 전에 자기 자신부터 조롱할 수 있어야 한다

한국이 주요 배경 중 하나로 다뤄지는 소설 «피에스 프롬 파리»[5]의 메인 캐릭터인 폴은 당신 자신을 염두에 두고 쓴 인물인가요? 건축가에서 소설가로 커리어를 변경한 점, 첫 소설의 성공과 삶의 터전을 옮긴다는 점 등이 당신과 닮아 보였습니다.

«피에스 프롬 파리»의 폴은 제가 상당 부분 투영된 것이 사실입니다. 프랑스에서 출간된 소설 속 주인공의 직업이 작가일 때가 많은데요.
대개 이들은 박식하고, 얼마나 자신이 커다란 창작의 고통을 감내하며 숭고하게 작업을 이어오고

[5] 2015년 출간된 마르크 레비의 소설. 작가 자신의 초상인 듯한 미국인 작가 폴을 앞세워, 정체를 감추고 파리에 은둔 중인 유명 배우 미아와의 다사다난한 로맨스를 코믹하게 풀어놓는다.

있는지 세세하게 밝히곤 합니다. 저는 정반대의 상황을
그리고 싶었어요. 폴은 사고처럼 우연히 작가가 되고,
자신의 재능을 부정합니다. 저는 그러한 상황이 그를
한결 더 매력적으로 보이게 만들 것이라고 판단했어요.
본디 남을 조롱하기 전에 자기 자신부터 조롱할 수
있어야 하는 법이죠. 주인공을, 다시 말해 저 자신을
비웃으면서 작가가 어떻게 (진짜로) 글을 쓰는지에 대한
이야기 또한 실감나게 그릴 수 있었습니다. 저는 가볍고,
심각하지 않은 방법으로도 얼마든지 심각한 이야기를
꺼낼 수 있다는 믿음이 있거든요. 하나하나 손으로
짚어가면서 사람들을 가르칠 필요는 없습니다.

아침에 일어나면 무슨 일부터 하나요?

샤워요! 아주 실용적인 행동이지만, 저한테는 수면
상태에서 깨어나 일상생활로 들어가기 위해 물과
접촉하는, 이 특별한 '이행 과정'이 정말 경이로워요.
어렸을 때 프랑스 남부의 작은 바닷가 마을에서
살았는데요, 당시에는 잠에서 깨면 말 그대로 바다로
뛰어들어 첨벙첨벙 수영을 했습니다. 지금 생각해보면
엄청난 특권이었고, 가끔 그 시절이 그리워요. 그 기억
때문인지 잠에서 깨면 먼저 차가운 물에 제 살갗이
닿아야 하나 봅니다. 샤워 이후엔 하루 세끼 중 제일

좋아하는 아침을 먹으면서 직접 간 원두로 커피를 내리죠.

한번 소설을 쓰기 시작하면 하루 11시간 넘게 쉬지 않고 쓰는 강행군을 이어간다면서요. 부러 밤에 글을 쓰면서까지 일상을 이어간다는 이야기도 들었는데요. 소설가에게 일상을 지키는 일이 왜 중요한가요?

지금도 그 과정은 그대로입니다. 제가 일상성을 유지하려는 이유는, 때때로 현실 세계를 사는 것이 작가로서 세계를 구축하는 데 훨씬 이롭기 때문인데요. 많은 작가가 '빈 종이 증후군'[6]을 앓고 있다고들 하는데, 제 생각엔 그건 증후군이라기보다 극도로 아이디어가 떠오르지 않는 상태에서 비롯된 지극히 정상적인 괴로움 같아요. 한번 개를 산책시켜 보세요. 개와 나란히 걷다가 마주치는 행인을 보고, 그들의 인상적인 말과 행동, 태도의 디테일을 눈과 머릿속에 기록해봐요. 그 짧은 순간에 발견한 내용만 모아도 소설 한 편은 너끈히 완성할 수 있을 거예요. 그 때문에라도 작가는 스스로가 만든 비눗방울 세상에서 벗어나서 장 보고, 요리하는 평범한 시간을 보낼 필요가 있죠.

6 빈 종이 위에 글을 쓰거나 그림을 그리려고 할 때, 빈 종이만 멍하니 쳐다볼 뿐 섣불리 쓰거나 그리지 못하는 상태.

과거와 달리 소설을 쓸 때 달라진 부분이 있을까요?

과거에는 기계적으로 골격과 레이아웃을 짠 뒤에야
글쓰기를 시작했는데요, 이제는 그만뒀습니다.
제게 글 쓰는 일은 항해와 같죠. 항구를 벗어나면
목적지에 다다를 때까지 어떤 돌발 상황이 생길지
전혀 예측할 수가 없어요. 정확하게 시점을 짚을 순
없지만, 목적지보다 목적지로 항해하는 그 여정이
더 중요해졌어요. 모든 '장인'이 그러하듯, 아, 저는
이 대목에서 저 자신이 예술가가 아니라 '장인
(artisan)'이라는 걸 강조하고 싶습니다. (15여 년에
가까운) 긴 시간 성실하게 그리고 열심히 작업에 몰두한
결과 이제는 두려움 없이 여행을 떠날 수 있는 자유를
얻었습니다. 지금은 제가 구상한 캐릭터들과 함께
(바람과 파도가 우리들을 어디로 이끌지 상상하면서)
얼마든지 자유롭게 출발할 수 있죠.

얼마 전 한국에 출간된 «그녀,
클로이»[7]는 신분과 피부색, 처지가
다른 두 인물의 사랑과 주변인들의
이야기를 생생하게 그리고 있어요.
남녀의 미묘한 감정과 사랑을
묘사하는 데 당신만한 작가가

7   마르크 레비의 2018년
소설. 맨해튼 5번가 12번지 아파트
주민들과 9층 여자 클로이를
중심으로 다름에 대한 문제의식을
담아냈다. 이 소설은 모든 편견과
문화, 계급과 인종 차이를 초월하는
사랑의 힘에 대해서 말한다.

없어 보입니다.

> 사랑은 제 인생에 있어서 가장 중요한 교훈이고,
> 이 이야기는 그를 토대로 합니다. 서로의 차이를
> 발견하고, 보듬어가고, 사랑하는 과정을 그린 것이죠.
> 다리를 잃고 휠체어를 탄 여성을 편견 없이 로맨틱
> 코미디의 주인공으로 만드는 일, 모든 남성이 클로이와
> 사랑에 빠지게 만드는 일. 이 두 가지를 가능케 하는 일이
> 《그녀, 클로이》를 쓸 때 제가 세웠던 목표였습니다.

"서로의 차이를 사랑하는 과정을 그리고 싶었다"고 이야기했는데,
지금 이 시기에 더 가슴 깊이 와닿는 말인 것 같아요.

> 저는 다수의 종교 지도자 혹은 신자들이 왜 서로의
> 차이를 인정하지 않는지 이해가 잘 안돼요. **어떻게 신을**
> **믿는다고 하면서 차별을 할 수가 있죠? 신을 믿는다면,**
> **신이 창조한 세상과 인류 또한 마땅히 신뢰해야 하지**
> **않나요.** 미에 대한 관점도 마찬가지 맥락 같아요. 미적
> 기준은 문화적 기반을 토대로 지극히 주관적일 수밖에
> 없는 문제입니다. 제 경우 사춘기 시절 우연히 TV
> 광고에서 본 어느 아시아 여성에게 반해서 한참 동안
> 아시아 여성에 대한 동경에 빠져 있었죠. 제겐 그의
> 얼굴이 제일 아름다웠어요. 40년이 지난 현재까지 제가

기억하고 있는 걸 좀 보세요. (웃음) 서로의 차이 앞에서 결국 우리는 두 가지 감정만 느낄 뿐이죠. 낯선 것에 대한 두려움 혹은 거부감, 그를 극복하고 받아들이고 사랑에 빠지는 것. 제 인생 전체는 후자의 과정과 같아요.

사랑, 연대와 같은 감정에 특히나 예민해 보입니다.

몸은 자라도, 어린아이의 감각 중 일부는 몸속 어딘가에 저장한 채 어른이 되는 것 같아요. 제게는 소년 시절부터 항상 뭔가에 깊이 매료되고 감탄하는 재능이 있었습니다. 지금도 삶의 불완전성 앞에서 매순간 살아 있다는 데 감사를 표하죠. 매일 아침 잠에서 깨면 저는 하늘을 쳐다보면서 살아 숨쉬고 있다는 데 감사합니다. 우리가 다같이 약속이라도 한 것처럼 아침이면 눈을 뜨는 풍경이 경이롭지 않나요? 저는 특히 모든 걸 새롭게 바라볼 수 있게 하는 아침의 마법을 사랑하고, 되도록 길게 그 시간을 음미하려고 합니다. (웃음)

박소영, 마르크 레비 인터뷰(아홉 번째
작품 《낮》과 함께 서울을 찾은 마르크
레비) 중 (《엘르 코리아》, 2010년 7월호)

"삶을 즐긴다, 사랑한다는 표현이 더 정확할 거다. 나는
어린아이처럼 앞으로 펼쳐질 삶에 대한 강한 욕망이 있다.
오늘 촬영장에 오기 전 저녁 모임에서 겨우 이틀 머무르려고
여기까지 왔느냐는 질문을 받았다. 하지만 난 그렇게 생각하지
않는다. 아니지. 이틀이라도 머물 수 있다는 게 어딘가. 그런
생각으로 나는 기쁘게 10시간이 넘도록 비행기를 타고 서울에
왔다. 스케줄을 보고 내가 '고작 이틀이야? 가지 말아야지'라고
생각했다면 그런 식으로 순간을 살았다면 지금의 나는 없었을
거다. 나와 다른 사람들을 만나고 문화적 차이를 느낄 수 있는
것도 행운이라고 생각하니까. (⋯) 아마 10년 후에도 나는 계속
아이처럼 주변 여기저기를 들여다보며 살 것 같다. 나의 삶이
계속 호기심으로 가득 차 있었으면 좋겠다."

우리를 둘러싼 삶이 가장 위대한 예술이다

"의사가 되려는 꿈을 실현할 수 없었고, 자유로워지고 싶어서 빨리 사회생활을 시작했다"는 인터뷰를 본 적이 있어요. 의사라는 직업을 원했던 특별한 이유가 있을까요?

청소년기에 우리가 흔히 하는 고민들 있잖아요. 무엇 때문에 태어났고, 왜 살아야 하는지, 이런 것들 말이죠. 저는 타인에게 도움을 줄 때 저 자신이 존재하는 이유에 더 가까워진다고 믿었습니다. 누가 저에게 고맙다고 인사하는 걸 들으니 가치 있는 일을 한 것 같아서 기분이 좋더군요. 남을 도울 수 있는, 의미 있는 삶을 살고 싶었습니다. 제가 성장한 시대에는 의사란 직업이 어떤 일보다 상징적이고, 분명하게 남을 도울 수 있는 일이었죠.

물론 한 해, 한 해 성장하면서 사람들이 고통받는 이유엔 질병만 있는 게 아니라는 걸 알게 되었지만요. 소설가가 된 저는 현재 글을 매개로 사람들을 치유할 수 있죠.

그렇다면 늘 소설가의 삶을 꿈꿔왔다고 볼 수도 있는 걸까요?

제가 어릴 땐 소설가가 되겠다는 말은 헤밍웨이가 되겠다는 말과 같아서, 굉장한 허세로 들릴 수 있었죠. 그만큼 신성한 일이었어요. 아버지는 저와 제 형제자매에게 언제나 겸손이 제일 중요한 미덕이라고 가르치셨고, 저희에겐 이 가치가 중요한 판단의 잣대였습니다. 소설가는 제 분수를 넘는 일이었어요. 가족 중에는 영화감독이나 배우, 화가도 있었고 심지어 제 아버지는 아트북의 발행인이었지만, 제게는 너무 먼 어른들 세계의 일처럼 느껴졌어요. 다만 뭘 하든지 간에 자유로워지고 싶다는 생각은 했었습니다. 그것이 제 유일한 목표였죠. 여기에서 말하는 자유는 감옥에서 벗어나 탈출하겠다는 의미가 아니라 무작정 바닷가를 달리는 아이 같은 것이에요. 저는 몽상가였고, 홀로 즐기는 법 또한 아주 잘 알고 있었거든요. 어릴 때부터 저는 피아노를 쳤는데, 10살 무렵에 곡을 썼죠. 음악은 저 자신을 표현하는 최초의 수단이었어요. 글을 쓰는 것은 아주 시간이 흐른 뒤에나 가능한 이야기였죠. 그런데 재미있게도 얼마 전 제가 그 무렵에 쓴 60쪽 분량의 이야기를 발견했지 뭐예요. 새까맣게 잊고 있었는데, 기억이 났습니다. 오래 전부터 소설가가 되는 걸 꿈꾸긴 했으나 너무 큰 꿈이라 중도 포기 했나봅니다. (웃음)

당신과 아버지 사이의 일화도 인상적이었습니다. 18세 때 쓴 소설을 아버지에게 보여줬더니 "내용은 별로인데, 350쪽이나 되는 글을 완성했다는 건 칭찬할 만하다"는 이야기를 들었다고요?

그 일에 대해 아버지를 원망한 적은 없어요. 이후로 계속 글을 쓰지 않은 건 단지 제가 부끄러움을 많이 탔고, 자신감이 없어서였죠. 18세 소년이 그만큼 방대한 소설을 쓴다는 건 소극적인 제 성격의 단면을 보여준 사례였다고 봐요. 글을 쓰는 일은 직접적으로나, 간접적으로나 이야기 속에 작가 자신을 투영하는 가장 효율적인 방법입니다. 저의 첫 소설에는, 제 감정과 느낌이 온전히 담겼고, 그걸 타인과 나눈다는 건 저 같은 성격의 사람에겐 쉬운 생각이 아니었습니다. 사실 아버지는… 제 소설을 별로라고 하지 않으셨어요. "정말, 진짜로 못 썼다"라고 했죠. '별로 못 썼다'와 '정말, 진짜로 못 썼다'는 굉장히 다른 표현입니다. 350쪽 분량의 글을 쓴 건 사실 굉장한 일이긴 했기 때문에 그 나름의 칭찬이었을 거예요. 제가 만일 자신감이 대단한 사람이었다면 '그래, 내겐 재능이 있어. 천재일 수도 있으니 제대로 한번 더 해보자'라고 생각했겠죠. 하지만 자신감 따위 없던 제게 아버지가 정말로 못 썼다고 했을 땐 다 잊어버리고 그만두는 게 상책이었습니다.

건축가로서 승승장구하던 시점에 불면증이 있던 아들 루이를 위해 동화를 쓰기 시작했습니다. 당신을 소설이라는 세계로 이끈 장본인은 루이라고도 볼 수 있겠군요.

제 아들은 제가 소설가가 되는 일 이외에도 제 인생의 많은 부분에서 결정적 역할을 했습니다. 먼저 작가 이전에 저라는 사람을 아빠로 만들어줬죠. 아버지가 된다는 건, 매우 소극적이고 수줍은 일입니다. 어머니와 아이는 뱃속에서부터 관계를 형성하고, 아이가 세상 밖으로 나온 이후로도 자연스럽게 친밀한 관계를 이어갑니다. 반대로 아버지가 아이의 심장 깊숙이 들어가려면 무한한 노력과 과정이 필요해요. 많은 걸 배워야 합니다. 가장 중요한 일은 자신감을 느끼는 것이죠! 평생 자유를 열망한 남자, 즉 저는 30년 전 아들이 태어난 이후로 이 어린 생명에 평생 귀속되었죠. 이 소중한 생명의 인생을 보살피고 책임져야 한다는 걸 알게 된 겁니다. 그건 제 삶에서 가장 큰 변화이면서 결정이었고, 루이의 동생들이 태어날 때마다 같은 감정을 느꼈죠. 입양에 대한 책을 많이 읽었는데, 이런 사랑은 유전자 공동체 안에서만 샘솟는

감정이 절대로 아니더군요. 에드워드 호퍼, 마르크 샤갈[8]
이 그린 매혹적인 그림을 대면했을 때 느끼는 감동과 삶의
진실된 감동은 절대로 비할 수 없어요. 우리를 둘러싼
삶이 가장 위대한 예술입니다.

아들 루이를 위해 쓴 첫 소설 «천국 같은»[9]의 영화 판권을 스티븐
스필버그가 사면서 화제가 되기도 했죠. 이 일이 전업 소설가로
사는 데, 얼마나 영향을 줬나요?

첫 소설의 성공은 여러 관점에서 중요한 영향을 줬는데요.
우선 재정적으로 제 삶을 크게 바꿔놓았습니다. 당시
저는 싱글 파더였고, 월말이면 늘 돈에 쪼들렸어요.
그런 제게 «천국 같은»은 일종의 게임 체인저였습니다.
처음 출판 계약을 맺을 때, 출판사에서 1000유로 가량
선인세를 받았고, 나중에 책이 잘 팔리면 1만 유로가량
인세를 받을 수 있을 거라고 하더군요. 첫 소설로는
기분 좋은 출발이었지만, 제 인생을 확 바꿔버릴 정도의
액수는 아니었습니다. 싱글 파더로 아이를 키우려고 하니
1년에 단 일주일도 쉴
여유가 없더군요. 생계를
이끌어갈 금전적 책임이
막중했으니까요. 당시 제
삶이 그러했습니다. 제가

8   1887년 러시아 태생의
프랑스 화가이자 판화가.

9   마르크 레비의 첫 소설로
1999년에 출간되었다. 영화 ‹저스트
라이크 헤븐›의 원작이다.

하던 일은 나름대로 근사한 일이었으나 가슴으로 원했던 것은 아니었죠. 하지만 신경 쓸 틈이 없었습니다. 혹시 이 사실을 아나요? 활주로의 길이에 따라서 이륙할 수 있는 비행기가 결정된다는 걸요. 스티븐 스필버그가 제 소설의 영화 판권을 사면서 제게는 활주로가 생긴 겁니다.

이 이야기에 아들 루이가 닮길 바라는 남성상이 담겼다고요?

저는 루이에게 용기를 주고 싶었어요. 제가 루이 나이에 제일 많이 들었던 소리는 "그건 불가능해"였습니다. 제 윗 세대는 특히나 불가능한 세계를 자체 조정해나가던 (격동기의) 사람들이었어요. 친한 친구의 아버지가 심장병으로 돌아가셨을 때, 제 주변 어른들에게 "미래에는 사람의 심장을 새것으로 바꿀 수 있지 않을까" 질문한 일이 있는데요, 그때 제게 돌아온 대답은 "절대로 불가능하다"였어요. 왜냐고 물으면 "그건 불가능한 일이거든"이라는 대답이 다시 돌아왔죠. 그야말로 안 되는 일투성이였어요. 그런 제 앞에 스티븐 스필버그가 커피를 마시면서 "당신 소설은 정말 멋져요"라고 했을 땐 제 다리를 몰래 여러 번 꼬집어봐야 했습니다. (웃음) 아무도 믿지 못할 상황이었거든요. 스필버그의 사무실에서 꼬박 5시간을 대화하고 돌아서는 순간에도 사실 확실하게 결정된 내용은 아무것도 없었습니다.

그가 영화 판권을 사서 제작을 확정 짓는, 약 7개월 동안 상황은 얼마든지 바뀔 수 있었어요. 아직 소설도 출간되기 전이었고요. 그래서 제 귀엔 그의 제안이 상공 200미터 지점에서 낙하산을 보내줄 테니 일단 비행기에서 뛰어내리라는 말처럼 들렸습니다. 저는 그 말을 믿고 뛰어내렸고요. 이 소설은 루이가 자기 꿈을 믿고 실현하는 남자로 살길 바라는 마음으로 쓴 건데, 저 스스로 제 꿈을 불신한다면 전부 다 거짓말이 되어버릴 테니까요.

절대로 예상하지 못했던 첫 소설의 성공 이후로 얼마나 잘 적응했나요?

성공을 받아들일 준비가 전혀 되어 있지 않은 상태였지만, 많은 지인들이 든든하게 격려해줬기 때문에 두 번째 소설을 썼고, 지금껏 길게 여행할 수 있었습니다. 저처럼 천재가 아닌 사람이 목표에 다가가는 방법은 한 가지뿐이에요. 꾸준히, 열심히 하는 겁니다.

본인에게 천재적 재능이 없다고 인정하는 건가요?

당연하죠, 그건 확실합니다! 제가 천재였다면 하루 11시간씩 책상 앞에 붙어 있을 필요가 없었겠죠. (웃음)

소설가는 철저히 무대 뒤에 숨어 있어야 한다

'소설가 마르크 레비'로 불리기 전까지 소설 속 캐릭터처럼 다양한 커리어를 거쳐왔습니다. 18세 때 적십자단의 구급 대원으로 시작해서 스타트업의 CEO로, 건축 사무실의 공동 대표로 경영을 맡기도 했죠. 과거의 경력이 당신의 글쓰기에 얼마나 도움이 되었나요?

어떤 작가들은 자기 자신에 대해서 이야기하고, 또 어떤 작가들은 큰 소리로 할 수 없는 이야기를 소설로 쓰곤 합니다. 그들에겐 글 쓰는 과정이 정신분석과도 같아요. 그걸 비난하려는 게 아니라 단지 저는 저를 한편에 제쳐두고, 자유롭게 쓸 수 있어서 행운이라고 생각할 따름이죠. 다양한 경험을 통해 체득한 지식과 통찰력은 제 이야기의 요소요소로 흩어져서 다양하게 활용되고 있습니다. 하지만 절대로 과거의 일(경력)이 제 소설을 단정 짓는 거라고 생각하지는 않아요.

'전 세계에서 가장 많이 번역된 작품, 가장 많은 부수를 찍어낸 프랑스 소설가'라는 타이틀을 갖고 있어요. 프랑스 문학 비평가들에게는 "지나치게 대중적이고 편하게 쓰여졌다"라는 인색한 평가를 받기도 했는데요. 이러한 평론에 대해서는 어떻게 생각하는지, 또한 작가로서 문학상에 대한 욕심은 없는지도 궁금합니다.

문학상이 중요했다면 저는 지금 자포자기한 상태였겠죠? 한번도 상을 받아본 적이 없으니까요. (웃음) 평론에 대해서는 최대한 솔직하게 대답하고 싶습니다. 제 생각에 평론은 작가에게 상처를 주는 용도와 작가에게 아첨하는 용도, 크게 두 가지 스타일이 있는 것 같아요. 모두 '허영'의 산물로 제겐 어떤 영향도 주지 않아요. 다행히 이 두 유형 외에도 작가에게 상당수 배울 점을 일깨우는, 건설적인 평론도 가끔 존재하긴 하는데요, 이런 평론은 제게도 중요합니다. 저를 더 나은 작가로, 더 근사한 이야기를 쓰도록 부추기거든요. 문학상은 부정적인 의미가 아니라, 작가의 '상처 입은 자아에 붙여주는 반창고' 역할을 하는 것 같아요. 그래서 저는

어떤 시상식이든 '최고'를 수상하는 일에는 감흥이
없어요. 반면 어떤 이의 평생을 치하하는, 공로상의
시상 장면에서는 눈시울이 붉어집니다. 특정한 작품을
칭송하는 일보다는 한 사람이 인생에 바친 시간을
인정하는 일이 더 숭고하고 중요한 일처럼 보여요.

소설가로 사는 일의 가장 힘든 점은 무엇인가요?

인형극에서 인형을 움직이는 사람의 손목이 보이는
순간 환상은 깨져버리죠. 누군가 인형 뒤에 서서 다양한
목소리를 낸다는 사실을 인정할 수밖에 없게 되고요.
그때부터는 아마 인형이 하는 이야기보다 그 인형을
움직이는 사람이 궁금해져서 상상의 나래를 펴게 될
겁니다. 소설가 역시 마찬가지죠. 자신이 창조한 무대에
서서 인상적인 쇼를 선보일 뿐, 자신의 캐릭터들이
이끄는 이야기에 등장할 수는 없습니다. 소설가는 철저히
무대 뒤에 숨어 있어야 합니다. 그 일은 엄청난 겸손과
희생을 요구하고, 때로는 처절한 외로움과 고독의 감정을
선물해요. 무대 장막 뒤에서 모습을 감추고 모든 걸
만들어내는 건 결코 쉬운 일이 아닙니다.

이전 소설에서 등장했던 캐릭터들이 새 소설에 다시금 등장해서,
마치 마르크 레비가 창조한 하나의 큰 세상 속에서 이들이

필 트리거스-에반스(Phil Treagus-
Evans), 마르크 레비 인터뷰(Marc Levy:
Reading is a Source of Freedom) 중
(The Reading Lists, 2017.1.29)

"(과거의 나에게 어떤 말을 해주고 싶냐는 질문에) 괜찮아, 마르크.
수학과 물리, 화학에 소질이 하나도 없고, 선생님이 절대 아무
데도 못 갈 것 같다고 몇 번이나 말했지만, 너는 잘하고 있어.
이에 대해 나쁜 감정 갖지 말기를. 반면 나는 내 과거에서 엄청난
양의 희망을 보고, 정교한 방정식처럼 상상력이 이토록 강력할
수 있다는 걸 깨닫는 데, 큰 기쁨을 느껴. 물론 쥘 베른(Jules
Verne)이 로켓을 우주로 보내진 못했지만, 그의 상상력은 인류가
달에 착륙할 수 있는 꿈을 발명했거든."

살고 있다는 생각이 들기도 합니다. 당신의 소설 «그때로 다시
돌아간다면»과 «두려움보다 강한 감정»에는 «뉴욕타임스»의
기자 앤드루 스틸먼이 반복해서 나오죠. 캐릭터에 대한 애착
때문에 캐릭터를 다시 소환하는 건가요?

개인적인 애착과 시간 단축을 위한 일종의 게으름,
두 가지 이유에서 비롯됩니다. 소설가와 캐릭터의 관계는
한 권의 소설을 완성하는 몇 달 동안 서로가 서로의
일부라고 말할 수 있을 만큼 깊어지는데요. 예술가의
잘난 척하는 헛소리로 들리겠지만, 정말로 캐릭터에는
생명이 생겨요. 5년 전, 제가 가장 친한 친구들과 동네를
걷다가 한 건물의 3층 창문을 가리키면서 말했죠.
"저기가 줄리아가 사는 아파트야." 친구들은 줄리아가
누군지 되물었고, 저는 아무렇지도 않게 제 소설 속
캐릭터 중 한 명이라고 설명했습니다. 친구들은 아주
심각한 표정으로 제가 정신과 상담을 받아야 하는 건
아닌지 걱정했죠. (웃음)
저는 여전히 그 아파트의 3층 창문을 올려다보지
않고서는 그 앞을 지나칠 수 없어요. 언제든 줄리아가
창문 밖으로 얼굴을 내밀고 손을 흔들어줄 것 같거든요.
몇 달을 동고동락하면서 만든 캐릭터들이다 보니 쉽게
헤어지기가 어렵고, 그러다 보니 다른 소설에서 그를
다시 부를 때가 있어요. 또 다른 이유로는 약간의 게으름

때문인데요. 이미 그 인물에 대해서 잘 알고 있기 때문에 글 쓰는 시간을 단축시켜준다는 이점이 있죠. 간단한 예로 제 첫 소설에 나온 폴을 《피에스 프롬 파리》에 재소환하면서 4개월이라는, 적지 않은 시간을 줄일 수가 있었습니다.

지금껏 당신이 만든 인물 중에서 가장 애착이 가는 건 누구인가요?

《달드리 씨의 이상한 여행(L'Étrange Voyage de Monsieur Daldry)》[10]의 달드리요. 원제가 수정되어 '알리스의 이상한 여행'이라는 제목으로 여러 나라에서 출간되었는데요, 내용을 확인해보면 알겠지만 이 소설은 달드리가 아니라 알리스의 여행 이야기입니다. 제가 내성적이고 수줍음이 많은 성격이라고 벌써 몇 번이나 말씀드렸죠? 조금 더 정확히는 비밀스럽고 조심스러우면서 신중한 동시에 자신을 잘 드러내지 않는 성격이라고 설명하고 싶습니다. 여러 사람이 모인 파티에서 제 옆 사람이 제게 "뭐 하는 사람이냐"라고 묻기만해도 얼굴이 붉어지거든요. (웃음) 달드리는 그런

10   마르크 레비의 2011년 작품. 조향사인 여자 주인공이 새로운 삶을 발견하고자 떠난 여행에 옆집에 사는 달드리가 동행하며 벌어지는 이야기를 그렸다.

저의 페르소나입니다. 그가 가상의 인물이란 걸 잘 알고 있는데도 저는 그가 제 형제처럼 느껴져서 거짓말을 할 수 없었어요. 제가 그 소설을 쓸 때 달드리는 제 건너편에 앉아서 제가 타이핑하는 모습을 지켜보고 있었으니까요. (황당무계한 소리 같지만) 사실이에요! 물을 마실 때도, 그날의 집필을 끝낼 때도 달드리의 의견을 묻곤 했어요. 소설을 완성하고 나니 그를 정말로 떠나보내기 힘들었고, 그래서 책 제목도 «달드리 씨의 이상한 여행»이라고 지었습니다. 발행인이 제게 "마르크, 이건 달드리의 여행이 아니라 알리스의 여행이잖아! 어떻게 된 거야?"라고 여러 번 채근했습니다만, 저는 무시했어요. 한번 출판되면 번복할 수 없는, 평생 간직할 책의 이름에 그의 이름을 붙여주고 싶었습니다.

장르를 가리지 않고 이것저것 읽는 다독가답게, 당신 소설도 판타지와 로맨스, 드라마 등 다양한 분야를 넘나듭니다. 특유의 스타일이나 장르를 정한 뒤 계속해가는 작가도 많은데, 매번 다른 도전을 시도하는 이유가 무엇인가요?

자유에 대한 저의 도전이라고 말할 수 있어요. 다른 장르의 소설은 이전에 가보지 못한 새로운 대륙, 바다로의 항해를 뜻합니다. 음악가가 다양한 악기를 연주할 수 있다면 다양한 방식으로 자신의 세계를 표현하는 일이 가능해지죠. 같은 악보를 보고 연주해도, 바이올린과 피아노가 다른 음색을 발현하는 것처럼요. 같은 의미로 새로운 장르의 소설을 시도하는 건 글쓰기에 있어 엄청난 자유의 경험을 선물합니다. 또한, 도전은 늘 제게 기분 좋은 흥분감을 느끼게 해주죠. 매번 새 소설을 시작할 때마다 실패할 것 같고, 끝을 낼 수 없을 것 같다는 두려움이 일지만, 자유의 감각이 두려움을 누르고 제가 소설을 마무리할 수 있도록 강경하게 밀어붙입니다.

좋은 글을 쓰기 위해 소설가가 가져야 할 자질은 무엇이라고 보나요?

소설가 자신보다 소설의 캐릭터를 무대 위로 올리는 겸손을 강조하고 싶습니다. 글을 쓰는 이유를 좇는 대신 자신이 쓰고 있는 글을 들여다보는 게 중요하다는 것도요. 그리고 이건 굉장히 섬세한 지점인데, 예를 들어 음식을 만들 때는 굉장히 까다로운 단계를 여러 번 거쳐야 합니다. 후덥지근한 주방에 서서 반복해서 재료를 다듬어야 하고, 뜨거운 팬에 실수로 손을 데기도 하죠. 공을 들였는데도 한순간의 실수로 음식을 망쳐버릴 수도 있죠. 누가 요리하는 일이 즐겁다고 한다면 새빨간 거짓말입니다. 글쓰기를 즐긴다는 소설가의 말도 마찬가지로 거짓말입니다. (웃음) 훌륭한 요리사라면 자신이 만든 요리의 냄새나 맛, 아주 작은 디테일 등 모든 요소까지 애정을 갖고 살펴봐야 성장할 수 있어요. 작가도 요리사처럼 자신이 완성한 글은 완벽히 사랑할 수 있어야 합니다. 온종일 쓴 글이 쓰레기통에 처박히는 일을 견디고, 어마어마한 에너지와 노력이 얼마나 들어갈지 모르는 힘겨운 여정까지 포함해서요. 또 하나, **글쓰기는 소설의 과정 중 일부에 불과합니다. 중요한 건, 몇천 번이고 썼던 문장을 다시 쓰는 일이에요.**

궁극적으로 당신에게 글쓰기란 어떤 의미인가요?

함께 자라는 건, 함께 나이 들 수 있는 파트너를 찾는 것과 같다고 하죠. 제게는 글쓰기 또한 어린 시절을 간직하게 해줄 인생의 파트너를 찾는 일 같아요.

마르크 레비는 1961년 프랑스에서 태어났다. 18세 때 적십자단에 들어가서 인도적 봉사에 참여했고, 파리 도핀 대학(Université Paris Dauphine)에서 경영학과 정보과학을 공부하면서 적십자단 활동을 이어갔다. 대학 재학 중 프랑스와 미국에 컴퓨터 영상 관련 회사를 설립하고 CEO로 활동하다가 사임했다. 29세에 친구 두 명과 건축설계 회사를 설립하고 코카콜라(Coca-Cola), 페리에(Perrier) 등, 각종 대기업의 사옥 설계를 맡았다.

—

39세가 되던 해, 불면증을 겪던 아들을 위해 동화를 쓰기 시작했고, 이는 첫 소설 «천국 같은»의 집필로 이어졌다. 이 작품은 출간도 되기 전에 스티븐 스필버그 감독이 영화 판권을 사면서 화제가 되었고, 동시에 몇 달간 프랑스 베스트셀러에 머물면서 그의 이름을 세상에 널리 알렸다. 이후 지난 20년 동안 마르크 레비는 1년에 한 권씩 총 20권의 소설집을 펴냈고, '세계적으로 가장 많이 읽히는 프랑스 작가'라는 타이틀을 얻었다. «너 어디 있니?», «영원을 위한 7일», «다음 생에», «그대를 다시 만나기», «자유의 아이들», «차마 다 못한 이야기들», «그때로 다시 돌아간다면», «두려움보다 강한 감정», «그녀, 클로이» 등 다수의 작품을 선보였다.

—

현재 마르크 레비는 가족들과 뉴욕에 살고 있고, 그의 웹 페이지 (www.marclevy.info)를 통해 대중과 활발하게 소통하고 있다.

—

instagram @*marclevy*

마르크 레비
Marc Levy

"

어렸을 때부터 이야기하는 걸 좋아했습니다. 친구들과
'던전 앤 드래곤(Dungeons & Dragons)' 게임을 할 때도,
저에게 친구들이 던전 마스터 역할을 하라고 졸라댔어요.
제가 게임 스토리를 이야기하면 진짜 같아서 무섭다고요.
19세 때 친구들과 사막을 여행했을 때도, 저는 밤새
이야기를 지어내 친구들에게 들려줘야 했습니다. 하지만
워낙 제가 소극적이고, 자신감 없는 성격이다 보니
종이에 이야기를 쓰는 일은 두려웠죠. 매일 밤 잠들기
힘들어 하는 아들 루이를 위해서 아름다운 이야기를
만들어서 들려주다가 제 성격을 조금씩 극복해나간 것
같아요. 루이는 저를 글쓰기로 이끈 원동력으로 제게
카타르시스를 느끼게 해줬습니다.

"

Kangmyoung
Chang

장강명

Seoul

04

장강명은 일간지 «동아일보»에 기자로 입사해 활동하던 와중 :
전업했다. 그는 소설과 논픽션의 세계를 오가면서 생존이 고민이
가 당면한 사회구조적인 문제를 저널리즘적 시선을 담아 생생
할 제안이자 질문이라고 말한다.

백»이 «한겨레신문사»의 장편 공모전에 당선되면서 소설가로

|대의 이야기를 단순하면서 강한 언어로 구사한다. 한국 사회

내는 그는, 소설은 답을 알 수 없지만 지속적으로 탐구해나가야

작가에게 원천 기술은 원고입니다

서울 강남구 도곡동 카페 일레디,
2020년 4월 29일 오후 2시

그저 쓰려는 걸 써야겠다는 마음이다

인터뷰 도중 사인을 요구하는 독자와 눈을 잘 마주치지 못하는 모습이 유튜브나 팟캐스트에서 목격한 노련한 모습과는 달라서 의외라고 생각했습니다.

> 많이 내성적입니다. (유튜브나 팟캐스트에) 출연하고 나면 집에 가서 끙끙 앓아요. 제 아내가 저 보고 "네가 그런 걸 하다니 신기하다"라고 합니다. 돈 벌어야 해서요. (웃음)

현시대의 이야기와 관통한다는 느낌이 드는 소설을 씁니다. 어느 소설가보다 시대상과 한 방향으로 호흡하고 있는 것 같아요.

소설가는 거울이 없는 직업입니다. 제 '상(象)'이
어떠할 것이란 생각도 있었는데요, 요새는 그것도 아닌
듯싶어요. 거울도 없고, 나침반도 없으니 그저 제가
쓰려는 걸 써야겠다는 마음이죠.

보통 낮에는 휴대전화를 꺼둔 채 생활하고, 한번 글쓰기 시작하면
스톱워치로 시간을 잰다고 들었습니다.

낮에 휴대전화 끄고 글 쓴 지는 1~2년 정도 됐고요. 스팸
전화도 오지만, 불편한 요청도 전화로 받은 건 쉽게
거절하기가 힘들잖아요. 스톱워치로 시간을 재면 좋은
점 중 하나가 정해진 시간 외에 휴대전화를 보지 않고
있다가 두 시간 간격으로 문자나 전화온 걸 확인할 수
있다는 점입니다.

글을 쓰기 위한 별도의 공간이 있나요?

집 부엌에 제 자리가 있고요. 냉장고 옆에서 쓰고
있습니다. 노트북과 전등이 있고, 전기가 끊기지 않으면
그걸로 족해요. 딱히 작업실이 필요한 타입은 아닌 것
같습니다. 그런데 2019년 여름이 되게 더웠잖아요. 그땐
에어컨 바람 쐬러 독서실에 갔습니다. 더우면 잘 쓰지
못해요.

2011년 장편 소설집 «표백»이 한겨레문학상[1]에 당선되면서 소설가의 길로 들어섰습니다. 언제 자신이 소설가가 되었구나 체감했을까요?

서서히 조금씩 물들었죠. 그런데 소설가로서 제가 어떤 단계를 넘었다는 생각은 종종 해왔습니다. 어릴 때 제 꿈이 소설가는 아니었어요. 공대생 시절 PC 통신에 소설을 올렸는데, (그 일이) 즐거웠어요. 제 전공이 도시공학이었는데, 전공을 별로 싫어하지 않았는데도 평생 업으로 삼고 싶지는 않더군요. 그때 처음 소설가가 되고 싶었고, 출판사에 원고를 보내기도 했으나 잘 안됐죠. 글 쓰는 직업을 선택해야겠다 정도로 후퇴해 신문사에 들어갔고요. 신문사에 다니던 어느 날, 기사만 쓰는 게 답답해서 다시 소설을 쓰기 시작했어요. 기자 5년차라 시간도 없을 때였는데, 기분이 좋더라고요. 이십 대 초반 소설 쓸 때의 즐거움이 되살아나면서 "아, 나는 소설을 써야 하는 사람이구나" 싶었습니다. 그때 제가 어떤 단편을 쓴 다음에 이건 좀 잘 썼다고 생각했는데요, 2012년 출간한 «뤼미에르 피플»에 수록된 ‹명견 패스›라는 작품입니다. 그전까지 써놓은 건 제가 봐도 되게 못 썼어요. (웃음)

1   1996년 «한겨레»가 제정한 문학상. 한국 문학의 지평을 넓히고 그 수준을 한 차원 높일 목적으로 제정되었다. 주로 소설 분야에 수여한다.

«표백»을 쓰고 한겨레문학상 받았을 때도 되게 기분이 좋았고요. 그때까지도 제가 장편 소설을 쓸 수 있을지에 대한 자신감이 없었거든요. «표백»은 제가 하고 싶었던 이야기였고, 이후로도 계속 작품을 쓸 수 있을지가 궁금했는데 두 번째 장편 소설인 «열광금지, 에바로드» 원고를 다 쓴 뒤에야 나는 계속 쓸 수 있는 사람이구나 싶었습니다. 여러 고비 넘기던 와중에 그때가 소설가로서 넘은 마지막 고비였던 것 같고요. 이후로는 소설가가 되는 걸 고민한 적은 없어요. 그 외에 (소설가로서의 고민은 아니었지만) 먹고사는 문제, 생활이 가능한 전업 작가가 될 수 있을까 하는 걱정은 있었는데, 이건 2016년 즈음 해결됐고요.

데뷔 후 10여 년 동안 단행본 이십여 권을 탈고했습니다. 이 정도면 다작 작가라 불러도 되는 걸까요?

제가 '다작 작가'라는 말을 많이 듣는데, 사실 그렇지도 않습니다. 해외 작가 중에도 다작 작가가 많고, 한국 작가 중에도 구병모[2] 작가나 김탁환[3]

2 1976년 서울 출생. 한국의 소설가. 본명은 정유경으로 신비, 공포, 환상이 결합된 소설 «위저드 베이커리»로 데뷔했다. 시니컬한 문체와 몽환적 분위기가 특징이며, 주로 현실 세계와 환상을 자유롭게 넘나드는 주제를 다루고 있다.

3 1968년 경남 김해 출생. 한국의 소설가. 1994년 계간문예지 «상상»에 평론 〈동아시아 소설의 힘〉을 발표하며 평론가로 데뷔했다. 1996년 첫 장편 «열두 마리 고래의 사랑 이야기»를 출간하면서 소설가로 활동을 시작했다.

작가를 보면 정말 좋은 작품을 자주 쓰세요. 저보다 발표 주기도 빠르죠. 그래서 제가 다작 작가라고 불리기엔 적합하지 않다는 생각이고, 제 목표가 다작도 아닙니다. 앞서 (이야기한) 제 책 숫자가 '얇은 책'들 포함일 텐데, 그건 요즘 출판 트렌드 때문이기도 한 거죠. 옛날 같으면 출판사가 단행본으로 내지 않았을 책을 많이들 내는데, 저는 실은 그 부분에 약간의 저항감이 있어요. 그건 그것대로 좋은 일이지만 저는 그것 이상으로 하고 싶은 일이 있어요. 지금 쓰는 것도 원고지 1200매가 넘는데, 몇백 매 더 쓰면 늘어난 분량만큼 (읽기가 부담스러워) 더 안 팔릴 것 같다는 생각도 들거든요. 르포르타주[4] 《당선, 합격, 계급》이나 연작 소설[5] 《산 자들》을 쓰면서도 이렇게 컴컴한 이야기를 누가 읽을까 싶더라고요. 먼저 읽었던 아내도 "좋긴 좋은데 읽을 사람은 없겠다"라고 하고, 담당 편집자도 농담처럼 "참 요즘 트렌드에 정반대"라고 하더군요. 르포르타주나 연작 소설이라는 형식도 최근엔

4   현지 보도를 뜻하는 프랑스어. 사회현상이나 사건을 심층 취재한 뒤 보고자의 식견을 바탕으로 사건 현장에서 보고 들은 것들을 보도하는 형식이다. 사실 보고에 초점을 맞추는 뉴스와 달리 현장성이 강해 시청자로 하여금 그 장소에 있는 것 같은 느낌을 줄 수 있다.

5   독립된 제목과 이야기 구조를 가진 각각의 작품들이 연쇄적으로 묶여 한 편의 장편소설을 이루는 형식의 소설. 동일한 배경이나 등장인물로 서사가 진행되거나 주제가 같은 작품이 한데 엮여 있는 작품을 일컫는다.

그다지 출판된 사례가 없고, 주제나 내용에 '해피 엔딩' 하나 없고요. 그런데 결과적으로 두 책 모두 판매율이 낮지는 않았거든요. 참 모르는 일이죠. 제가 쓰려는 것들이 그래요. 지금 쓰는 것, 그리고 앞으로 제가 쓸 것도 별로 '트렌디한 물건' 같아 보이지 않아요. 선택하는 거죠.

챕터별로 스토리를 만든 뒤 합치는 작가가 있는가 하면 전체적으로 얼개를 미리 구상한 뒤 써나가는 작가가 있습니다. 당신의 집필 스타일은 어떤지 궁금합니다.

저는 양쪽 다 합니다. 단편도 대강은 구상하고 쓰는데, 아예 구상 없이 쓴 적도 있고요. 이 질문이 생각보다 심오한 질문 같아요. 단순히 테크닉에 대한 이야기가 아니라 소설이라는 장르가 여러 요소에서 실험하고 전개하는 형태라는 이야기와 맥이 맞닿아 있죠. 소설의 세 가지 요소가 주제, 문체, 구성인데요. 구성의 세 가지 요소가 인물, 사건, 배경이고요. 작가가 어느 면에 초점을 맞추느냐에 따라서 쓰는 스타일도 달라져야겠죠. 만일 사건에 초점을 맞추는 사람 같으면 얼개를 써야 하고요. 인물이나 문체에 초점을 맞추는 사람은 그 작업을 생략해도 될 것 같습니다. 대신 인물이 이야기를 장악할 수 있을 만큼 입체적으로 뼈대를 세워야겠죠. 소설의 분량과 약간은 관계가 있는 문제입니다. 분량이 길면 아무래도 길잡이가 필요할 테니까요.

초고 내용이 퇴고 과정을 거치면서 많이 달라지나요?

한번 쓴 다음에 한두 번 왕창 손보고, 대여섯 번가량 퇴고합니다. 사실 다 쓰기 전에 대강 견적이 나오기 때문에 그때 괴롭죠. (웃음) 한 10퍼센트 남은 상태에서 퇴고할 때도 있고요, 아니면 여기에 이 내용 빼고 저기에 보태야겠다는 것을 알면서 끝까지 가는 경우도 있어요. 지금이 딱 그런 상태예요. 주·조연급 인물 하나를 통째로 날려야 해서요.

장편과 단편, 어느 쪽이 조금이라도 쓰기에 마음 편한가요?

단편이 더 편합니다. 그런데 장편을 써야 한다는 마음이 늘 있고요. 제가 좋아했던 것들은 다 '두꺼운' 책이고, 끝날 때 찡했던 것들이어서요.

마음이 찡했던 작품으로는 어떤 것들이 있을까요?

되게 많아요. 제임스 엘로이[6]의 《블랙 달리아》[7]라는 소설을 좋아하고요. 《노르웨이의 숲》, 《분노의 포도》,

«포스트맨은 벨을 두 번 울린다», «개선문», «서부 전선 이상 없다»…. 도스토옙스키[8]의 책도 열심히 읽었죠.

6   1948년 로스앤젤레스 출생. 미국의 범죄소설가. 촘촘한 플롯과 비관적 세계관이 특징이다. 이 때문에 그는 '미국 범죄소설의 악마견'이라는 별명을 얻기도 했다. 대표작으로는 «블랙 달리아», «내 어둠의 근원», «로이드 홉킨스 삼부작» 등이 있다.

7   제임스 엘로이(James Ellroy)의 1987년 출간작. 1940년대 로스앤젤레스에서 일어난 희대의 살인 사건을 재구성한 실화 소설.

8   1821년 모스크바 출생. 러시아의 소설가. 구질서가 무너지고 자본주의가 들어서는 과도기 러시아의 시대적 모순을 작품에 투영했으며, 20세기 사상과 문학에 깊은 영향을 끼쳤다. 대표작으로 «지하생활자의 수기», «죄와 벌», «백치», «악령», «카라마조프가의 형제들»이 있다.

내 소설은 질문 같다

11년간 «동아일보»에서 기자 생활을 했습니다. 일간지 기자 시절 마지막 직함은 무엇이었나요?

> 평기자였습니다. «동아일보»가 진급이 늦어요. 13년차쯤 차장이 되는데요, 한 1~2년 더 다녔으면 차장 직함을 달았겠죠.

기자 장강명은 어떤 사람이었나요?

> 기자로서 재능이 특출했던 것 같진 않은데요, 열심히 했습니다. 밖에서 주는 상은 대여섯 개쯤 타고, 회사 안에서 주는 상은 매년 한두 개씩 꼭 받은 것 같아요.

일간지 기자의 스케줄은 상상 초월이라고 들었습니다. 야근도
많이 했겠죠?

사회부, 정치부, 산업부에 각각 3~4년씩 있었습니다.
일명 '스트레이트(straight) 부서'라 불리는 곳들인데,
그 안에서도 출입처 따라 노동 강도가 달라요. 강도가
제일 센 곳이 검찰, 경찰, 정당인데 그 세 곳을 다
돌았습니다. 소위 내근 부서라 불리는 곳과 다르게 밖에
나가 '노가다' 하는 느낌이었죠. 지금 또 하라고 하면 못할
것 같은데, 그땐 참 열심히 했어요. 배운 것도 많았고요.

기사와 소설 쓸 때의 취재 방식에는 어떤 차이가 있을까요?

기자였다면 안 만날 사람을 만나거나, 안 물어볼 질문을
던지게 된 것이 다르죠. "그때 기분이 어떠셨나요?"
이런 걸 기자가 물어볼 일이 없잖아요. "누굴 만났냐?",
"언제 만났냐?", "돈 받았냐? 안 받았냐?" 대체로 이런 걸
궁금해하죠. 제가 속했던 부서 특성상 플레이어[9]
들을 주로 만나기도 했고요. 일간지의 뉴스 가치는 앞으로
영향을 미칠 일들에 초점을
맞춰 정해지니까요. 급식
비리 사건을 취재한다 치면
급식 비리를 저지른 사람과

9   특정 비즈니스, 정치
분야 등에서 활동하는 회사나 개인.
플레이어의 행동에 따라 전망이
바뀔 수도 있다.

급식 비리를 조사하는 교육청 감사 담당자를 만나죠. 그런데 소설을 쓸 때 그 급식 먹는 학생들 이야기가 제일 중요합니다. 뭘 먹었는지, 먹으면서 뭘 느꼈는지 이런 걸 물으니 포인트도 달라지죠. 기본은 같아요.

취재에 들이는 품도 적지 않아 보이는데요.

이게 많다면 많고, 적다면 적은 건데요. 일간지 기자일 땐 취재한 내용의 90퍼센트 이상을 버릴 때가 많았죠. 그때도 힘들게 취재했습니다. 보통 사회부나 정치부에서 취재하는 대상들 대부분이 기자를 증오하니까요. (웃음) 지금은 취재한 내용을 여러 작품에 많이 활용하니까 기자 시절과 비교하면 그리 품이 많이 드는 것 같지 않아요.

11년간 기자로 산 일이 자연스레 소설가로서의 삶에 도움이 된 부분도 있을 줄 압니다.

소재 찾는 일이요. 일간지 기자는 일주일 단위로 아이디어 회의를 합니다. 취재 아이템으로 뭘 내야 할지를 붙잡고 살 수밖에 없죠. 특히 사회부 시절에 사회 주변 현상을 살펴보면서 훈련을 많이 했었죠. 의미가 있는데, 내가 쓸 수 있을지 판단하는 일, 그리고 실력을 가늠할 수도 있게 됐고요.

그간 장강명이라는 소설가가 풀어낸 이야기는 한국 사회의
보이지 않는 계급이나 사회현상을 밀도 있게 담고 있는데요. 원래
사회가 돌아가는 일에 관심이 있었나요? 혹은, 일간지 기자로서
일한 때의 영향이 소설로 옮겨왔기 때문일까요?

둘 다입니다. 제 개인적인 관심사이기도 하고요.
그래서 기자 일을 더 좋아했어요. 기자 면접 볼 때 왜
기자가 되고 싶은지 물어보면 "사회에 관심이 있고,
변화를 그 중심에서 지켜보고 싶다"라고 대답했었고요.
저한텐 '테마'죠. 사람에게 영향을 미치는 사회적인
요소나 시스템, 앞으로도 계속 그 주제에 시선을 둘 것
같고요. 자연스레 제가 쓰는 소설에도 그러한 제 시선이
투영되겠죠. 저는 소설을 쓸 때도 사건이 일어나는 주변
상황에 대해 굉장히 상세하게 설명하고, 그 사람의
내면보다는 그 사람에 가해지는 일에 관심이 큽니다.
그게 핵심이라고 봐요. 저라는 사람이 제가 속한
환경에서 절대로 자유로울 수 없거든요.

독자들이 소설을 끝까지 읽고 결말을 확인한 뒤 가지게 될 마음에
대해 의식하나요?

약간은 의식합니다. 저는 제 소설이 질문 같습니다.
저도 답을 모르는 질문이고, 제가 중요하게 생각하는

질문이죠. 예를 들어 《한국이 싫어서》는 '한국 사회 살만해?'를 묻는 말이에요. 답을 저도 모르니까 이제 진짜로 행복하게 살겠다고 다짐하는 주인공 '계나'의 대답으로 끝이 날 수밖에 없는데요. 읽고 나서 각자 답을 좀 생각해봤으면 좋겠어요. 그렇다고 계몽적으로 쓸 생각은 없습니다. 실제로 이런 질문들을 스스로 하고 있어요. '인터넷 댓글 문화 이대로 놔둬도 돼? 아니지 않아?', '이런 사람 어떻게 해야 해?' 이런 것들이죠. 아마 죽을 때까지 저 또한 명확한 답을 찾지 못하겠지만, 질문은 점점 뾰족하게 다듬을 수 있을 듯해요. 제 소설 보면 말미에서 주인공들이 문제와 정면으로 맞닥뜨리고 '그럼 내가 답을 찾아보겠다' 내지는 '답을 모르겠지만 이건 아니다'와 같은 다짐을 하는 형태인 것 같습니다.

이대희, 장강명 인터뷰 '알바생 자르고,
산 자들의, 한국 사회 버티기' 중
(《프레시안》, 2019.7.5)

"우리 삶은 흑백으로 절단하기 어렵다. 이곳에도 저곳에도 각자의
사정이 있고, 각자의 이야기가 있다. 내가 세상을 보는 시선을
소설로 드러내고 싶었다. 하지만, '세상은 원래 그렇지' 하고 회색
지대에 멈추기를 택해서는 안 된다. 그러면 사람은 타락하게 된다.
〈알바생 자르기〉를 예로 들자면, 알바생 혜미의 해고를 선택하는
(정규직 노동자) 은영에게도 사정은 있다. 그렇다고 은영의
선택을 정당화하기는 어렵다. 소설이 시작할 때 은영과 해고를
선택한 후 은영은 완전히 다른 사람이다. 소설 초반 은영은 자신의
계급성(정규직 노동자)에 심각하게 매몰되지 않았다. 하지만
점차 시간이 지나면서 은영은 중산층 정규직 노동자의 관점으로
혜미를 재단한다. 이를 통해 은영은 얄팍한 사람, 우리가 흔히
말하는 갑이 된다. (…) 이런 '보통의 우리'가 회색분자가 된다.
그 상태로 가만히 머무른다면, 사람은 더 깊이 가라앉게 된다.
지금 우리는 비록 회색 지대에 있지만, 그런데도 우리가 추구해야
할 밝음은 분명히 존재한다. 각자의 사정은 있지만, 어찌 됐든
밝음의 지대로 나가려 해야 한다. 가만히 머무른다면 결국
타락하고 만다."

영감은 늘 쏟아져내리고 있다

어떤 면에서 소설가와 철학자가 비슷한 일을 하는 사람처럼 느껴집니다. 인간과 세계가 어떠한지 되새기는 작업을 통해 나름의 세계관을 형성해나가는 것 같거든요. 당신이 소설로 그리고 싶은 세계는 어떠한가요?

제가 보는 세상은 회색이에요. 선악의 대결이 있는 세상이 아니고요. 모든 사람이 똑같이 좋고, 나쁘다는 것도 아니에요. 이런저런 사연이 뒤섞여 있고, 약간의 허무함은 있어요. 결국엔 다 죽을 것이고, 내세 같은 것도 없고, 반드시 역사가 심판한다거나 정의가 이긴다든가, 여론이 한데로 모이는 일도 없을 것이라고 보는데요. 그런데도 우리가 살아야 하잖아요? 살아야 하는 의미가 있으면 좋겠고, 그걸 찾으려는 사람들에 관심이 커요. 누군가의 악의 때문이든, 불운 때문이든 안 좋은 일이 생기면 거기에 휩쓸려 마냥 희생자가 되기보다는 살면서 뭔가 좋은 일을 만들어보겠다는 사람들, 이런 사람들에게 눈길이 갑니다. 저도 그런 사람 중 하나고요. 그런데 아무리 애를 써도 세계 구조 자체가 그러니 구원을 얻지는 못할 것 같아요. 독특한 의견이 아니라, 사실 알베르 카뮈를 비롯한 실존주의 작가들이 생각했던 세계관인데요. 페스트(pest)[10]가 끝나도 다시 페스트가 찾아온다는 것이 소설 《페스트》[11]의 결말이거든요. 좋은 비유를 카뮈가 다 써먹어 잘 생각이 나지 않는데요, 예컨대 산 정상까지 바위를 굴리면 결국엔 바위가 떨어져요. 절대로 산 정상 위에 바위를 세워놓을 수 없죠. 바위를 위로 올리는 것이 네 임무이자 자세라고 해도, 실은 억지로 노력할 필요가 없거든요. 그냥 밑바닥에 바위를 두고 데굴데굴 굴려도 좋고, 올리면 뭐해 하면서 가만히 앉아 있어도 누구 하나 뭐라 할 사람 없는데, 굳이 그걸 올리려는 사람들. 제가 소설로 말하려는 세상 또한 이 사람들이 바위를 올리려 하는 시도와 같은 작업이 아닐까 합니다. 약간의

10   페스트균이 일으키는 급성 전염병. 흑사병이라고도 불린다.

11   프랑스의 소설가 알베르 카뮈의 1947년 작품. 페스트균은 결코 멸망하지 않고 항상 어딘가에서 인간의 행복을 위협한다는 주제로 비인간성에 대한 집단적 반항과 연대 의식을 역설했다.

위안은 얻을 수 있을 테니까요. 살 만한 세상, 이런 건 소설가로서의 저와는 분리된 것 같아요. 소설가 장강명과 시민 장강명은 분리돼 있고, 소설가 장강명이 그러하듯 시민 장강명도 윤리가 있는데 그것이 소설가 장강명의 윤리하고는 달라요.

시민 장강명은 어떤 사람인가요?

시민 장강명은 너무 단순하고 명쾌해서 설명하기 쉽습니다. "네가 말할 수 있는 자유를 위해 싸우겠다", "인권이 중요하다." 볼테르(Voltaire)[12]와 같은 18세기 계몽주의 사상가들이 생각했던 바로 그겁니다. 시민 장강명은 거기에서 더 나아가는 것이 없고요. 그게 무너져서 문제라고 보죠.

21세기에 중요하다고 여기는 가치는 18세기 계몽주의 사상가들의 것만큼 중요하지는 않은 것 같아요. 예를 들어 저는 다양성이 중요하다는 이유로 여성에게 '부르카(burka)'[13]를 강요하는 문화에 이의를 제기하지

12   1694년 파리 출생. 프랑스의 작가. 《샤를 12세의 역사》, 《루이 14세의 시대》, 《각 국민의 풍습·정신론》, 《캉디드 혹은 낙관주의》 등을 썼다.

13   이슬람 여성의 전통 복식 중 하나. 신체 전체를 가리는 옷으로 시야 확보를 위해 눈 부분만 망사로 되어 있다. 주로 아프가니스탄, 인도, 파키스탄 인근의 무슬림 여성이 착용하며, 국가나 지역별로 길이나 형태 등이 다르다.

않는 데 반대합니다. 그런 태도를 보면 사람들이 다양성이라는 말의 의미를 제대로 이해하는 것인지 의문이 생겨요. 여성 할례[14]가 문화 다양성 존중의 대상일 수 없는 거예요.

스스로 바라보는 소설가 장강명은 문학계에서 어떤 위치에 있는 사람인가요?

1970~1980년대 독재 정권 시절에 사람들이 한국 문학에 요구하는 바가 있었을 겁니다. 사람들이 말 못하는 것들에 대해서 시와 소설이 이야기해줬으면 좋겠다. 그래서 청년 문학, 민중 문학, 운동권 문학이라고 해도 좋을 것들을 쓰는 작가들이 있었고, 그들의 작품을 읽으면서 위로도 받았죠. 1990년대에 접어들면서 형식적으로 민주화가 됐고, 그러면서 사람들이 자기 내면을 들여다보기 시작했습니다. 민주화도 좋고, 투쟁도 좋은데, 낮에 열심히 일하고 들어오는 퇴근길에 가로등 불빛 보면 왠지 공허한 거예요. 이 기분이 대체 뭔지 말해주는 시와 소설들. 그때 무라카미 하루키[15]와 왕자웨이[16]가

14 고대부터 많은 민족 사이에서 신성한 종교의식 중 하나로 인식되어 행해져 온 것으로 성기 끝 살가죽을 끊어내는 풍습.

15 1949년 교토 출생. 일본의 소설가이자 번역가.

16 1958년 중국 상하이 출신의 홍콩 영화감독. 한국에서는 '왕가위'로도 불린다.

등장해서 수많은 젊은이를 강타했죠. 그런 내면을 이야기하는 소설들이 한 세대를 풍미한 것 같고, 지금의 독자들은 다른 걸 궁금해하지 않나 싶어요. 예전엔 문제를 제기하지 않았던 것, 예컨대 페미니즘이나 부조리가 쌓일 대로 쌓인 한국의 노동 현실 같은 문제들이요. 《미생》이나 《송곳》[17] 같은 웹툰이 순발력 있게 먼저 이야기를 꺼냈고, 이제 소설에서 그런 이야기들이 나오고 있죠. 그런 와중에 저 또한 이전엔 소재로 잘 다루지 않았던 당대의 삶에 대한 이야기를 꺼냈었고요. 제가 기자 출신이라 센스가 있었는지 모르겠지만, 이런 이야기를 쓰면서 장난스럽게 '월급 사실주의 작가(월급 받는 평범한 사람들의 현실을 월급 받아본 적 있는 작가들이 정확하게 포착해서 현주소를 알려주는 일)'라고 이름 붙여본 적도 있죠. 저는 에쿠니 가오리[18]의 소설 속에 나오는 인물들은 도대체 월급을 어디에서 받는지, 뭘 먹고사는지 모르겠다는 생각을 했었거든요. (웃음)

당신은 에세이에 대한 평가가 높은 소설가이기도 합니다. 3박 5일간

17   2013년부터 2017년까지 네이버 웹툰에 연재되었던 최규석의 만화. 비정규직과 정규직 직장인의 갈등과 한국의 노동 현실, 노동 운동을 소재로 한 작품이다.

18   1964년 도쿄 출생. 일본의 소설가. 동화부터 연애소설, 에세이까지 폭넓은 집필 활동을 해나가면서 참신한 감각과 세련미를 겸비한 독자적 작품 세계를 구축하고 있다. 《반짝반짝 빛나는》으로 무라사키 시키부 문학상을, 《나의 작은 새》로 로보노이시 문학상을 받았다.

떠난 신혼여행 이야기를 《5년 만에 신혼여행》으로 출간한 것을
보고, 냉장고 속 남는 재료로도 근사한 음식을 만들어낼 줄 아는
요리사 같다는 생각이 들더군요. 취재 기반으로 작성된 소설은
장면마다 묘사가 세밀해서 놀라웠습니다. 늘 소재를 찾기 위해
촉각을 곤두세우느라 일상이 피로하지는 않나요?

그래서 촉각 잘 안 세웁니다. (웃음) 제가 에세이를 썼던
무렵은 한창 촉각을 곤두세웠을 때인데요. 이것도 쓸 수
있겠고, 저것도 쓸 수 있겠고 전부 다 쓸 수 있겠더라고요.
신혼여행도 글쓰기 소재 후보군 중 하나였고요. 《5년
만에 신혼여행》 중간 부분에도 나올 거예요. 제가 메모를
했는데, 훗날 그 메모를 보니 무슨 내용인지 알아보지
못해서 쓰질 못하겠다고요. 쓰면 또 쓰겠는데, '굳이 뭐'
이러면서 포기한 내용이 하드디스크 폴더 안에 많이
저장되어 있고요. 조금 다른 이야기인데, 소설가 지망생
중에 영감을 어디에서 얻느냐고 질문하는 분들이 많아요.
저는 영감은 늘 쏟아져내리고 있다고 대답해요. 오늘
여기까지 오는 길에 '저건 뭐지' 했던 것들, 그 질문들
계속 생각하다 보면 쓸 거리가 된다고 답을 드려요.

써야 할 사람은 써야 한다

《5년 만에 신혼여행》에 묘사되는 부모님은 근엄하긴 해도,
하고자 하는 일을 극구 말리는 타입은 아니셨으리라 짐작됩니다.
당신은 어떤 아이였나요?

> 부모님이 근엄하고 말리는 스타일인데, 제가 말린다고
> 가만히 있는 스타일이 아니었습니다. 중산층 가정에서
> 큰 사고 없이 잘 자랐습니다. 어릴 때부터 책을 많이
> 읽었고요.

큰 사고 없이 잘 자랐다고 이야기하는 걸 보니 그다지 모험심이
큰 성격은 아니었나 봅니다.

속으로만 있었던 것 같습니다. (웃음) 저한테는 의미 있는, 두세 번의 경험이 있는데요. 신문사 들어가겠다고 건설 회사 때려치웠을 때, 지금의 아내가 연애 시절 호주로 유학 갔을 때, 소설가가 되어 신문사를 그만둘 때…. 순간순간마다 선택하면서 지금의 장강명이 만들어졌고, 그때마다 제 고집이 큰 도움이 되었습니다. 저를 보면 십 년에 한 번씩 튀는 스타일 같아요.

소설가로서 장강명이 꿈꾸는 성공의 의미는 무엇인가요?

소설가로서 제 성공은 간단한데요. 좋은 작품입니다. 잊히지 않는 작품. '아, 이런 것 하나 썼으면 좋겠다' 싶은 것들이 있는데, 그 기준이 딱 뭐라고 설명하긴 힘들어요. 진부한 표현이긴 한데 마음을 울리는, '모범'이 되는 이야기를 썼으면 좋겠습니다. 그 작품이 베스트셀러는 아닌 것 같습니다.

노년에는 이런 작품을 써야겠다, 희미하게나마 생각해둔 주제 의식이 있나요?

야심 있는 소설가들이라면 다 있죠. 그런데 작품 내용보다는 제게 남은 시간을 이야기할 수 있을 텐데요. 제가 쓰는 글이 어떤 면에서는 나아지고, 어떤 면에서는 퇴보해요. 기본적으로 쓰면 쓸수록 필력이 좋아진다고 생각하지만, 센스는 조금씩 떨어지고 있어요. 글 쓰는 일도 머리로 하는 작업인데, 어느 시기가 지나면 총기도 사라지겠죠. 제가 지금 40대 중반인데, 30대 중반보다 확실히 센스는 떨어졌고 이렇게 조금씩 시대와 어긋나다보면 '꼰대'가 되겠죠. 물론 죽을 때까지 글 쓰고 싶지만, 제 실력이 정점에 이르는 전성기가 있지 않나 싶어요. 그게 언제일까 생각해보다 세계 문학 전집 뒤에 실린 작가 연표를 들춰보면서 작가마다 의미 있는 작품이라고 불리는 것을 마지막에 출간한 시점이 언제인가 그걸 찾아봤어요. 특히 요절하지 않은 작가들이요. 조지 오웰[19]이 《동물 농장》과 《1984》를 쓴 게 지금 제 나이보다 젊을 때거든요. 어니스트 헤밍웨이[20]는 《노인과 바다》를 쓸 무렵 이미 한물갔다는 평가를 받고 있었어요. 그러다가 《노인과 바다》로 재평가를 받은 것이 53세 때였어요.

[19] 1903년 인도 출생. 영국의 작가이자 언론인. 문학 평론, 시, 소설 등 여러 분야의 작품을 발표했으며, 《동물 농장》과 《1984》로 널리 알려져 있다. 2008년 《타임》이 선정한 '1945년 이후 위대한 영국 작가 50위' 중 2위에 올랐다. 그 밖에 대표작으로 《위건 부두로 가는 길》, 《카탈로니아 찬가》 등이 있다.

[20] 1899년 출생. 미국의 소설가. 《노인과 바다》로 퓰리처상, 노벨문학상을 수상했다. 문명의 세계를 속임수로 보고 인간의 비극적인 모습을 간결한 문체로 묘사했다. 대표작으로 《무기여 잘 있거라》, 《누구를 위하여 종은 울리나》 등이 있다.

존 스타인벡은 《분노의 포도》를 쓰고, 《불만의 겨울》이라는 (아마도) 마지막으로 의미 있는 작품을 썼는데, 그때가 59세였죠. 도스토옙스키가 《카라마조프 가의 형제들》을 쓴 것도 59살이고요. 기대 수명이나 평균 수명도 높아졌고, 요즘 50대가 옛날 40대라고들 하니 그런 식으로 따지면 저는 적어도 60대 중반까지 현역으로 집중해 쓸 수 있지 않을까 예상해보는데요. 앞으로 한 20년 남았습니다. 아무리 빨리 쓴다고 해도 장편 소설 한 편 완성하는 데 1년 정도 걸려요. 한 편 쓸 때마다 제가 더 잘 쓸 수 있다고 가정하면, 기회가 스무 번쯤 남은 셈이죠. 시간이 별로 남지 않았다 싶어요.

이번에 《잡스 – 소설가》 편 섭외로 국내 출판 시장을 리서치할 기회가 생겼는데, 해외 작가 에이전트와 저자, 그리고 국내 작가 에이전트 및 출판사가 맺고 있는 관계가 복잡해 보였습니다.

한국이 좀 특이해서 그렇죠. 작가 에이전트도 이제 막 생기는 추세고요. 블로썸 크리에이티브(Blossom Creative)와 네이버 웹툰 매니지먼트(Naver Webtoon Management), 두 곳이 있죠. 두 개의 에이전트가 하는 일은 해외 에이전트에서 하는 일과 차이가 있어요. 블로썸 크리에이티브나 네이버 웹툰 매니지먼트는 일종의 계약 대행 일을 합니다. 그에 반해 해외

김유태, 장강명 인터뷰 "'을'이 되어
헐뜯는 세상…모두 '죽은 자들'이죠'" 중
(«매일경제», 2019.6.25)

"기자 명함을 처음 팠을 때
사회부 선배가 말씀하셨어요.
'텍스트(text)'가 전혀 없는
자리에서 텍스트를 만드는
사람이 기자라고요. 이번 소설
«산 자들»을 쓰며 그 조언이
떠올랐습니다. '글이 안 될 것
같다'고 하는 풍경에서 글을
생산하는 작업이랄까요. 다만
기사와 소설은 달라요. 기사는
파도 높이가 높아졌는지를
다룬다면, 저는 해수면 위가
아니라 해류가 바뀌는 지점과
이유를 포착하고 싶어요. (…)

제임스 M. 케인(James M.
Cain)은 그랬어요. 어느 날
행인의 대화를 듣고 노동자
계층이 쓰는 단어로만 글을
쓰겠다고요. 꾸밈이 없고
부사가 없는, 마치 케인의
전보(電報) 체와 같은 문장을
추구하려고 해요."

작가에게 원천 기술은 원고입니다

에이전트는 작가 지망생에게 원고를 받아 출판사에 넘기는 일을 합니다. 나아가 작가의 모든 것을 관리하죠. 물론 해외는 출판 시장 규모가 한국보다 훨씬 더 크기 때문이겠지만요. 제임스 패터슨[21]이 브래드 피트보다 돈을 더 많이 벌더라고요.

소설가나 출판업계에 필요한 직무인데, 정량화가 덜 된 작업은 무엇이 있다고 보나요?

영화계처럼 현재 책이 얼마나 많이 팔리고 있는지 상황을 집계하는 출판 유통 시스템을 구축하는 데 정부가 적극적으로 나서줬으면 해요. 2021년까지 출판 유통 통합 시스템을 만들겠다고 하는데, 지켜봐야겠죠. 저작권이나 2차 저작권 같은 문제도, 예컨대 변호사를 고용할 여유가 없는 노동자 같으면 대한법률구조공단에 가서 법률 조언을 받을 수 있잖아요. 지금 그 기능이 아예 없는 건 아닌데요, 출판업계에도 비슷한 기관이 있었으면 합니다. 솔직히 저는 한국문화예술위원회의 지원금 사용처에 불만이 조금 있습니다. 독자

21 1947년 출생의 미국 소설가이자 현재 미국에서 가장 많은 베스트셀러 기록을 갖고 있는 인기 작가. 첫 시리즈 《스파이더 게임》이 큰 호응을 얻으며 작가 경력을 시작했다. 그의 작품들은 세계적으로 1억 5000만 부 넘게 팔렸으며, 이후 영미권 최고 추리소설 상인 에드가(Edgar) 상을 받았다.

수도 확실치 않은 문예지나 단행본 제작을 지원하는 데 대부분이 쓰이고 있어요. 독자가 조금이라도 있을 것 같으면, 요새는 텀블벅(Tumblbug)[22]으로 책 만들잖아요. 텀블벅이 안되면 본인 돈으로도 책을 낼 수 있는 시기에 단행본 만드는 데 세금을 쓰는 일에 반대합니다. 물론 학술 서적 만드는 데 지원한다면 의미가 있겠지요. (투명한) 출판 유통 시스템과 법률적 조언이 가능한 플랫폼을 만드는 데 써야지, 돈을 뿌리고 있는 것처럼 보여서는 안 되겠죠.

출판사들끼리 서로의 수익이나 판매량을 정확하게 알지 못하나요?

상장이 돼 있거나 기업 공개를 하는 회사들은 공시하니까 연말에 매출이나 업계 순위가 대략적으로는 나와요. 출간 부수는 한국출판문화산업진흥원 같은 곳에서 분석은 합니다. 해마다 소설이 얼마나 출간됐다고 서점에서 확인은 할 거고요. 그런데 작은 회사들은 그 통계에 잡히지 않을 테고, 책 한 권이 얼마나 팔렸는지는 아무도 몰라요. 각 서점은 자기네 서점에서 몇 권씩

22   2011년 한국에서 서비스를 시작한 크라우드 펀딩 사이트. 누구든 자신의 창작 프로젝트를 올리고 후원을 요청할 수 있으며 후원자는 후원 대가로 소정의 기념품을 후원금에 따라 차등적으로 전달받는다.

팔렸는지만 알겠죠. 저는 현재까지 제 책 «산 자들»이
정확히 몇 권이나 팔렸는지 알 수가 없어요. 출판사인
민음사가 책의 순 출고량은 파악하고 있겠죠. 하지만
몇 권이 독자 집에 있는지, 매대에 놓여 있는지, 창고에
있는지는 모르는 거예요. 차라리 편의점 같으면 어떤
상품이 얼마나 팔렸고, 재고가 얼마나 있는지 파악하고
있겠죠. 애초에 출판 산업이 소자본 비즈니스라서
이런 상황이겠지만요. 제가 되게 놀라운 이야기를
들려드릴까요? 한국 20대 단행본 출판사의 매출액을 다
합쳐도 CJ ENM 미디어 부문 분기 매출액에 못 미쳐요.
20대 출판사의 매출액을 다 합치면 몇천 억 원 규모인데,
CJ ENM 미디어 부문의 1년 매출액은 1조 원이 넘습니다.

작가로서 생계를 유지하는 법에 관한 진솔한 글이 담긴 책
«밥벌이로써의 글쓰기»에서는 작가라는 직업도 일종의
브랜딩이자 작은 사업체를 운영하는 것과 같다고 하는데, 이에
공감하나요?

공감은 합니다. 다만 작가가 작은 사업체를 운영한다고
치면, 브랜딩이나 마케팅보다 더 중요한 게 원천
기술이에요. 중소기업도 원천 기술이 있는 기업과 없는
기업의 차이가 큽니다. 동네 식당도 김밥과 떡볶이만
파는 곳과 그 집에서만 먹을 수 있는 음식을 파는 곳은

달라요. 작가에게 원천 기술은 결국 원고입니다. 제가 소설가가 됐을 때 어느 분이 제게 해주신 이야기예요. 정말 좋은 조언이라고 생각하고요. 저 또한 다른 예비 작가에게 조언한다면 "작품이 깡패다"라고 말해주고 싶어요. 브랜딩, 셀프 PR이 그렇게까지 중요한 건 아니고 좋은 작품만 쓰면 된다고요. 한편으로 그것이 작가의 축복 같기도 해요. 어떤 조직에 속해 일하는 사람은 아무리 잘해도, 특히 자신이 팀장이 아니라면 한계가 있어요. 그렇지만 작가는 자기가 좋은 작품만 쓰면 얼마든지 (경계를) 넘어갈 수 있어요. 그러니 원천 기술을 개발해야 한다는 것이 제 결론입니다. 작가로서 현실 감각을 키우기 위해서는 방구석에 틀어박혀 있지 말고, 꾸준히 현실과의 접점을 만들었으면 하고요. **저는 대학 졸업하고 바로 전업 작가가 되는 데엔 부정적이에요. 분명히 일하면서 얻을 수 있는 현실 감각이 있기 때문에** 어느 정도 사회 경험을 해본 뒤 전업 작가로서의 삶을 결정하는 것이 좋지 않을까 합니다.

우리는 왜 소설을 읽어야 할까요?

제가 기자를 하다가 소설가가 되니까 알겠어요. 타인의 처지를 이해할 수 있게 해주는 건 확실히 소설의 힘입니다. 소설 «포스트맨은 벨을 두 번 울린다»는 아내가 바람이 나서 남편을 보험 살인으로 죽이는 이야기예요. 불륜인 커플이 사랑해요. 돈도 없고, 남편만 죽이면 인생 필 것 같다. 나쁜 생각이죠. 기자나 판사로선 명쾌하게 이 커플을 단죄할 수 있습니다. 제가 역삼각형 기법으로 '서울 강남구에 사는 김 모 씨와 이 모 씨가 보험 살인을 저지른 혐의로 구속됐다. 검찰이 어떻게 수사했고, 이들이 어떻게 했다고 자백했다.' 그 사연을 기사로 쓴다면 그 아래에 '광화문에서 돌로 쳐 죽여라' 이런 부류의 댓글들이 달릴 거예요. 그런데 소설을 읽으면 진짜 변명거리가 없는, 두 남녀의 심정을 이해할 수 있어요. 광화문 앞에서 돌로 쳐 죽이라는 말까지는 할 수 없을 겁니다. 읽다 보면 마음이 아프고, 눈물이 날 것 같은 대목들이 있어요. 둘이서 도망도 가보려고 했고, 헤어져보려고도 했는데 잘 안돼요. 도망가서 히치하이크를 하는데, 차도 참 안 잡히고요. 뭔가 잘 풀리지 않는 상황이 연속적으로 그려지는데, 그건 공소장이나 판결문에도 넣지 못하고 기사에도 쓰지 못하는 사연이에요. 왜 하필 그때 차가 안 잡히고, 왜 이 커플은 이토록 가난한 걸까. 어떻게 해서 이 둘이 대도시로 도망간대도 근근이 아르바이트나 해서 먹고살고, 싸우기나 하겠지…. 이런 생각을 하다보면 그 과정이 그려지고, 이건 소설로밖에 이야기하지 못하겠구나. 절대로 이해할 수 없을 것 같은 사람을 어느

순간 연민하게 되죠. 그건 소설 말고 다른 분야가
해내지 못하는 일 같아요.

명문대 졸업, 국내 3대 신문사 기자, 그리고 소설가로서 성공적인
데뷔 등 원했던 바를 모두 이룬 사람의 태도를 보일 수도 있을
텐데요. 세계를 보는 관점이 다소 허무하다는 말과 달리 타인의
삶에 대한 연민 섞인 시선은 오랜 기간 취해온 문학의 영향력
때문일까요?

제가 되게 안 풀린 이야기를 안 해서 그렇게 생각하시는
것 같은데요. (웃음) 스티븐 핑커[23]의 «우리 본성의 선한
천사»[24]라는 저서를 읽다가
감동한 부분이 있습니다.
이 작가는 앞서 이야기가
나온 18세기 계몽주의
혁명을 18세기 인도주의
혁명이라고 표현하기도
했는데요. 그에 의하면
17세기 유럽에서 서간체
소설이 크게 유행을 했고,
바로 그 일이 18세기
인도주의 혁명에 영향을
미쳤을 것이라고 합니다.

23   1954년 몬트리올 출생.
캐나다의 심리학자. 2003년부터
하버드 대학 심리학과 교수로 재직
중이며 이전에는 21년간 MIT의
뇌인지과학과 교수를 역임했다.
«빈 서판»으로 2004년 퓰리처상
과학 부문 최종 후보작에 올랐으며,
대표작으로 «언어 본능», «마음은
어떻게 작동하는가», «우리 본성의
선한 천사» 등이 있다.

24   2011년 출간된 스티븐
핑커(Steven Pinker)의 대중
과학서. 인간이 내재된 폭력성을
선한 본성으로 어떻게 극복해왔는지
역사 속 사건을 예로 들어 보여준다.

"세상에 읽고 쓰는 공동체가 있다고 생각해요. 모든 사람이 읽고,
책 쓰고 그래야 한다는 건 아닙니다. 그러지 않고도 건강한
삶을 살 수 있고요. 다만 읽고 쓰는 사람들이 만날 기회가 너무
적어요. 뿔뿔이 흩어져 있고, 점점 수가 줄어드니까 다 외로워요.
서평을 쓰는 것만으로도 서로의 존재가 확인된다고 생각하고요.
그게 저자들에게도 좋아요. (…) 제 역할은 질문하는 것으로
생각합니다. 의미 있는 질문을 던지는 것인데요. 지금까지 썼던
것도 질문에 대한 것이었고요. 비유하자면 노래를 예쁘게 하는
꾀꼬리도 있을 텐데요. 저는 그보다 '탄광의 카나리아' 같은
존재가 되고 싶어요. 예쁜 노래를 부르고 싶은 게 아니라
가스 퍼질 때 비명을 먼저 지르고 제가 죽어서 광부들이 빨리
도망가게 하는 것. 그런 역할이 저의 역할이라고 생각합니다."

그 책에 저 같이 소설 쓰는 사람이 보면 위안을 얻을 수 있는 이야기가 많이 나와요. 그중 기억에 남는 이야기 하나가, 한 퇴역 군인이 하녀의 삶을 다룬 소설을 읽고, 크게 감동을 해서 그 작가에게 직접 편지를 보낸 겁니다. 살면서 자기가 이렇게 눈물을 많이 쏟아본 적은 처음이라면서요. 그 군인처럼 살면서 하녀를 많이 만나본 사람도 하녀의 삶을 구구절절하게 쓴 소설을 보고 난 뒤에야 그 삶을 제대로 이해했다는 것. 소설로 접하기 전에는 몰랐다는 것이죠. 영화나 드라마에서는 생각이 간접적으로만 나오니까요. 그래서 저는 소설이 좋습니다. 저 또한 이런 글을 쓰고 싶고요.

좋은 소설가가 될 수 있는 덕목이 무엇이라고 생각하나요

저는 작가 지망생들이 제게 사인해달라고하면 '써야 할 사람은 써야 한다'는 구절을 함께 적습니다. 저 자신도 그랬었는데요. 아마 예비 소설가를 제일 힘들게 하는 건 내가 소설가가 될 수 있을까 하는 생각일 거예요. 바늘구멍처럼 좁은 길을 통과해서 소설가가 된다고 해도 다들 밥 먹고살기 힘들다고 하니 마음이 흔들릴 수밖에 없죠. 솔직한 말로 요즘 시대에 소설가가 되겠다고 문예창작학과에 진학한 사람이, 애초에 소설을 써서 부자 되겠다는 마음을 가지고 그곳에 가진 않았을 것 같아요.

소설에 대한 애정 때문이겠죠. 그러면 죽을 때까지
그 애정을 버릴 순 없어요. 그럴 바에야 그냥 써버리는 게
낫죠. 저를 보러 강연에 오고, 사인해달라고하고, 그리고
이 책의 인터뷰를 찾아볼 사람이라면 이미 써야 하는
사람이에요. 써야 하는 사람이면 출구를 찾지 말고
써야죠.

장강명은 연세대학교 도시공학과를 졸업했다. 2002년
《동아일보》에 입사해 사회부, 정치부, 산업부를 거치며 경찰,
검찰, 국회 등을 출입하는 기자로 11년간 일했다.

—

2011년 장편소설 《표백》으로 한겨레문학상을 받으며 작품 활동을
시작했다. 《열광금지, 에바로드》로 수림문학상을, 《댓글부대》로
제주 4.3평화문학상과 오늘의작가상을, 《그믐, 또는 당신이
세계를 기억하는 방식》으로 문학동네작가상을 받았다.

—

장편소설 《우리의 소원은 전쟁》, 《호모도미난스》, 《한국이
싫어서》, 연작소설 《산 자들》, 《뤼미에르 피플》과 에세이
《5년 만에 신혼여행》, 논픽션 《당선, 합격, 계급》, 《팔과 다리의
가격》 등의 저서가 있다.

—

뮤지션 요조와 독서 팟캐스트 〈책, 이게 뭐라고〉를 진행하는
동시에 다수의 매체에 칼럼을 기고하면서 집필 활동을 활발히
해오고 있다.

—

facebook / *kangmyoung.chang*

장강명
Kangmyoung Chang

"

저를 소설이라는 세계로 이끈 매체는 부모님
책장이에요. 부모님이 책을 엄청 많이 보시거든요.
어머니는 소설을 많이 읽으시고, 아버지는 비소설을
많이 읽으시는데, 그것에 영향을 많이 받았습니다.
역시 부모가 책을 많이 읽어야 자식도 책을 많이 읽는
것 같고요. (웃음) 부모님 댁에 가면 책이 우리 집의
서너배 쯤은 있어요. 두 분 모두 수준 높은 독서가라
어려운 책들도 많이 읽으시고요. 덕분에 저도 어릴
때부터 어려운 책 읽는 훈련을 조금씩 했던 것 같아요.
이건 아버지를 닮은 것 같은데, 아버지도 저만큼 TV를
안 보시거든요. 아마 태어나서 드라마 한 번도 안 보지
않으셨을까.

"

"이게 뭐지?"의 날들
김기창, 소설가

발단

2014년 초, 소설을 쓰는 것이 삶을 일으켜 세우는 하나의 방편이 될 수 있겠다는 생각이 들었다. 실존적으로든 경제적으로든. 사는 게 좀 비루하게 느껴질 때였고, 하던 일이 기우뚱거린 탓에 생활비를 걱정해야 하는 상황이었다. 그런데 왜 하필 소설이었을까? 지금도 모르겠다. 복합적인 이유가 작용했으리라 짐작만 한다. 정답이 없다는 것. 부대 비용이 오로지 시간이고, 타인과의 대면 없이 혼자 할 수 있는 일이라는 것. 길다는 점에서 삶과 가장 유사한 장르라는 것. 이런 이유들이 뒤섞여 있었을 것이다. 아무튼 책상에 앉았고 노트북을 펼쳤다. 이게 뭐지? 이틀 동안 고작 서너 줄 썼다. 신혼 첫날밤 이혼하고 싶은 마음이 깃든 신부가 된 기분이었다. 허망하고 허탈하고 이번 생은 망했다 싶었다. 3일째에는 그 서너 줄마저 삭제했다. 누가 소설을 쓰라고 강요한 것도 아니어서 화를 낼 수도 없었다. 대책이 필요했다.

석 달 뒤쯤이 마감인 문학 공모전이 있었다. 우리나라 대표 출판사의 대표적인 문학 공모전이었다. 이것을 심리적 동인으로 삼고, 물리적 의무로 여기자 싶었다. 스스로를 비웃는 소리가 들렸지만 무시했다. 무시하려 노력했다. 다시 모니터 속 백지를 마주하고 앉았다. 첫 패부터 자전적인 이야기를 꺼내고 싶지는 않았다. 게다가 굴곡이 크지 않은 삶을 살았고 내면의 섬세함이 남다른 편도 아니었다. 소설가 지망생이 주인공인 소설, 영화감독 지망생이 주인공인 영화는 지루하다 못해 한심하게 생각하고 있었다 (죄송합니다. 그때는 그랬습니다). 사회학과 출신답게 문제의식의 크기를 늘리고 싶었다.

죽음. 이보다 더 큰 주제는 없었다. 죽음을 소재로 한 논문과 책을 읽고, 기사를 검색했다. 마침내 핵심 키워드를 찾았다. 고독사. 캐릭터와 소설 속 공간을 머릿속으로 그려보았다. 고독사를 떠올리면 쉽게 붙잡히는 인물과 동네 이미지는 다 걷어내려 했다. 그건 신문 사회면만으로도 충분하니까. 그러다가 놀라운 사실을 발견했다. 상상력이 멸종위기동물 1급 수준으로 희귀해져 있었다. 20대의 리비도[1]가 내 상상력의 90퍼센트를 집어삼켜버린 것 같았다. 두 번째 대책이 필요한 순간이었다.

전개

인터넷에 떠도는 온갖 사진을 보기 시작했다. 인물 사진, 풍경 사진, 건축 사진 등. 사진을 찍기 위해 돌아다니기도 했다. 사진을 들여다보고 찍고 고르면서 장면을 구성하고 스토리를 퍼올렸다. 그뿐 아니라 서술의 각도와 깊이, 한계를 파악하기 위해 3인칭으로 쓰인 기존 소설들을 찾아 읽었다. 시간적 거리가 꽤 있고 (표절 시비에서 안전하고), 정확한 근거는 모르지만 찬사를 받고 있는 (눈높이를 상향시킬 수 있는) 예전 작가들의 소설 위주로 읽었다. (알베르 카뮈[2] 선생님, 잘 계시죠?)

1
libido. 성본능, 성충동을 지칭하는 정신분석학 용어. 심리학의 대가 지그문트 프로이트(Sigmund Freud)가 만든 개념으로, 전 생애에 걸쳐 다양한 쾌락 상태와 개인적 애착의 원인이 된다는 점이 특징적이다.

2
1913년 알제리 태생의 프랑스 작가. 《이방인》, 《페스트》, 《반항하는 인간》 등의 작품을 내놓았고 1957년 노벨상을 수상했다.

Essay

소설의 내용과 형식이 '추상'[3]에서 '구상'[4]으로 바뀌어갔다. 몇 가지 윤곽이 잡힌 것이다. 먼저, 주인공. 혼자 사는 노인으로 하되 부유하게, 노인들 고유의 (비록 일부지만) 너그러움과 여유, 현명함이 부재하게, 그렇지만 취향은 제법 까탈스럽게, 말과 행동은 유쾌함과 불쾌함의 경계를 오가게 설정했다. 또 하나의 기준은 나를 주인공에게 투영시키지 않겠다는 것이었다. 소설 속 노인을 나의 페르소나로 만들고 싶지 않았다. 노인은 노인이고, 나는 나여야 했다. '허구적 이야기'라는 소설의 정의처럼, 없던 것을 만들어내고 싶은 욕망이 컸다. 두 번째, 캐릭터 이름. 어떤 이름을 갖다 붙여도 어울리지 않았다. 독특한 이름은 너무 오글거리거나 너무 투박하거나, 둘 중 하나였다. 고민하다가 주인공은 이름 없이 그냥 '노인'으로 가기로 했다. (지금도 캐릭터 이름 짓는 과정이 매우 고난하다!) 그러나 주요 캐릭터 두 명에게는 이름을 붙였다. '노인'에게 의미 있는 사람들이었으니까. 세 번째, 결말. 추측 가능하지만 여운이 길게 남는 방향으로 가기로 했다. 기발한 반전이 잘나가는 소설과 영화의 핵심 요소처럼 여겨지던 시절이었다. 반전 따위는

3
어떤 대상 혹은 세계로부터 하나의 상을 추려내어 표현하는 것.

4
작품의 골자가 될 내용이나 표현 형식 따위에 대하여 생각을 정리함.
또는 그 생각. 추상의 반대 개념.

190

신고 싶지 않았다. 고독사라는 소재에 어울리는 장치도 아니었다. 마지막으로 문체. 간결하되 페이소스와 유머를 담아낼 수 있도록 계속 보완해나가기로 했다.

이러한 계획하에 첫 문장을 쓰고 첫 문단을 마무리했다. 뭔가 풀려나가는 것 같았다. 틀을 잡아놓으니 필요한 문장과 그렇지 않은 문장이 얼추 구분되면서 이후부터 진도가 빠르게 나아갔다. 매일 쓸 때마다 이미 쓴 것을 다시 읽으며 고쳐 갔음에도 1부를 끝내는 데 5일이나 걸렸다. (잘 모르시겠지만 제 첫 장편소설 《모나코》[5]는 총 7부로 구성되어 있습니다). 6일째에는 1부 전체를 수정하기로 하고 처음부터 끝까지 찬찬히 읽기만 했다. 그런데 이 질문과 다시 맞닥뜨렸다. 이게 뭐지?

위기

'사건'이라고 할 만한 게 하나도 없었다. 다른 문제들도 있었다. 적어도 1부 끝부분에는 2부를 읽고 싶게 만드는 전개 과정이

5
김기창의 첫 장편소설. '고독사'를 주제로 죽음을 앞둔 노인의 이야기를 다룬다. 민음사가 주관하는 '오늘의 작가상' 38회 당선작.

필요한데 그게 없었다. 대사와 대사 사이의 묘사도 엉성했다. 몰입감을 저하시키고 페이지 생김새를 별로로 만드는 것 같았다. 다 지우고 처음부터 다시 쓰자니 속이 쓰렸다. 써놓은 것들이 너무너무 아까웠다! 어떻게든 활용하기로 하고 따로 파일을 만들었다. 그리고 제일 처음으로 돌아갔다. 목표는 두 가지였다. '사건'의 창출과 효율적 문장.

아침 일찍 일어나 쓰는 것을 습관화했다. 온종일 소설에만 집중하며 긴장감을 불어넣을 사건과 신선한 비유들을 떠올리고자 노력했고, 대사와 대사 사이의 묘사를 빼고 직접 충돌하는 방식으로 대화를 구성하고자 했다. 2부, 3부, 4부, 5부 쭉쭉 뻗어나가며 이야기의 끝이 그려지기 시작했다. 공모전에서 요구하는 분량도 (원고지 500매 이상) 거의 다 채운 것 같았다. 뿌듯한 마음으로 한글 프로그램의 '문서 통계'를 확인했다. 280매. 이게 뭐지? 절정으로 향해 가는 중인데 280매라니? 230매를 더 써야 한다니! 엉덩이가 철판처럼 납작해진 기분이었다. 그러나 도리가 없었다. 매 문단마다 살을 붙였다. 따로 저장해둔 파일을 불러와 곳곳에 심었다. 캐릭터에 더 깊이 들어가려했고, 플롯을 중층적으로 쌓으려 노력했다. 한 달 뒤쯤, 500매가 넘는 초고를 완성했다. 그런데 문득, 싸한 느낌이 들었다. 노인과 젊은 여성이 주인공인, 기존에 발표되고 영화로까지 제작된 한국 소설 중 하나와 여러모로 유사한 것이 아닐까 의심

되었다. 허겁지겁 소설을 찾아 읽었다. 다행히 닮고 싶지 않은 문체와 취향에 맞지 않은 내용들로 채워져 있었다.

문장을 수정하고, 문단을 다시 나누고, 전체 틀을 흔들고 비틀면서 원고를 다듬었다. 공모 마감 당일 점심때까지 그 일을 반복하다가 마지막으로 제목을 정하고 표지와 본문을 인쇄했다. 원고를 우편으로 보낸 후 석 달 뒤쯤 연락을 받았다. "작가님, 당선 축하드립니다. 그런데 제목이 뭐예요?" 표지를 빼놓고 보낸 것이었다. 어쨌거나 그렇게 첫 소설 《모나코》가 책으로 나왔다. 신문사 인터뷰를 서너 번 했고, 방송 출연도 했다. 호평 가득한 리뷰가 올라오고, 주변에서도 재밌게 읽었다며 연락이 왔다. 베스트셀러가 되는 일만 남은 듯했다. 그런데, 이게 뭐지?

그해 베스트셀러와 화제의 소설 속 주인공은 《모나코》와 '노인'이 아니라 《창문 넘어 도망친 100세 노인》과 이 소설의 주인공인 '알란'이었다. (아, 저놈의 노인네… 근 2년 동안 맨 앞줄에 섰다!) 《모나코》는 베스트셀러 코너에 자리 잡지 못한 채 대형 서점 벽면 서가에 외로이 꽂히는 신세로 전락했다. 슬픈 일은 거기서 그치지 않았다. 처음 소설을 쓰기 시작했을 때 세웠던 기준조차 부서져 있었다. 뒤늦게 《모나코》를 읽은 지인들이 이렇게 말하는 것이다. "그 노인, 딱 너던데?", "말투가 너랑 똑같던데?" 부인했지만 한 가지는 명백한 사실이었다. 나는 《모나코》 속 '노인'처럼 고독해졌다. 소설 판매량은 좀처럼 오르지 않았고, 구두 수준의 이야기만 있었을 뿐 다음 작품을 계약하자고 선뜻 나서는 출판사도, 영상화를 위한 판권을 사겠다는 제작사의 연락도 없었다. 할 수 있는 일은 한 가지 뿐이었다.

나는 짙은 고독 속에서 다음 장편소설을 쓰기 시작했다. 그 와중에 나름의 포부를 세웠다. '공간 3부작'을 써보기로.

또 위기

두 번째 장편소설을 1년 반 만에 완성한 후 출판사에 보냈다. 《길 위에서》[6]처럼 여정이 곧 플롯이 되는 이른바 '로드 노블'이었다. 꼭 써보고 싶던 형식과 내용의 소설이었다. 그만큼 기대가 컸다. 한 달쯤 후 답변이 왔다. 이런저런 것을 수정하면 더 좋은 소설이 될 것 같다는 희망찬 내용이었다. 이게 뭐지?

6
1950년대 미국 경제 부흥기 속 획일화를 거부하던 비트 세대(Beat Generation)의 대표 작가 잭 케루악(Jack Kerouac)의 자전소설. 7년간 미 대륙을 횡단하며 방랑한 경험을 서술했다.

계약하자는 말이 없었다. '소포모어징크스'[7] 같은 것에 빠지지 않기 위해 (부끄럽지만 정말 그랬습니다) 나름 집념을 가지고 쓴 작품이었다. 차를 끌고 소설 속 인물의 여정을 두 번이나 따라갔고 취재도 열심히 했다. 친구네 별장에 틀어박혀 마지막 2주 동안 원고만 다듬기도 했다. 그런데 빛을 보지 못할 위기에 처한 것이다. 더 심각한 문제는 원고가 함량 미달이라는 판단에 나도 8할 이상 동의를 했다는 점이었다.

소설을 쓰는 것이 삶을 무너뜨리는 꽤나 효율적인 방법이 될 수 있겠다 싶었다. 삶이 실존적 의미로 충만하고 경제적으로도 불만이 없으려면 다른 일을 찾아봐야 하는 것 아닌가 하는 의심이 들었다. 더해서 수명마저 단축되는 듯했다. (목 디스크, 손목 통증, 주기적인 두통!) 의심에서 벗어나기 위한 두 갈래의 길이 있었다. 하나는 이미 써놓은 소설의 함량을 끌어올리는 것. 다른 하나는 새로운 소설에 착수하는 것. 두 갈래라고는 했지만 길 떠나는 방식은 같았다. 무엇이든 쓰는 것. '써보고 싶은 이야기'에 먼저 매달렸으니 이번에는 '잘 쓸 수 있는 이야기'를 해보자 싶었다.

7
sophomore jinx. 첫 작품의 큰 성공에 비해 두 번째 작품에서 상대적으로 부진한 결과를 얻는 경향을 지칭하는 단어. '소포모어'는 대학교 또는 고등학교 2년차를 말한다.

하드보일드 소설과 영화의 오랜 팬이었다. 소설가 레이먼드 챈들러[8]와 코맥 매카시[9], 코엔 형제[10]의 영화와 박찬욱[11]의 세례를 받으며 자랐다. 그런 탓에 건조한 시선으로 '동정 없는 세상'의 일면을 그려내는 것은 잘할 수 있으리라는 자신감이 있었다. 《모나코》와 두 번째 장편소설을 쓸 때처럼, 소설의 무대가 되는 공간을 정한 후 답사를 하고 취재를 했다. 서재에 암막 커튼을 친 후 스탠드만 켜고, 캐릭터 인물도와 소설의 핵심적 이미지를 담은 회화 작품을 벽에 붙여놓고, 소설의 분위기와 어울리는 음악 몇 개를 골라서 틀어놓고는 규칙적으로 키보드를 치기 시작했다.

8
1888년 미국 출생. 소설가이자 극작가. 석유 회사 중역이던 그는 대공황 이후 44세의 나이에 탐정소설 작가로 등단했다.

9
1933년 로드아일랜드 출생. 미국의 소설가. 극작가, 시나리오 작가로도 활동한다.

10
1954년생 조엘 코엔(Joel Coen)과 1957년생 에단 코엔(Ethan Coen)을 일컫는 호칭. 시나리오 집필부터 편집까지 공동으로 영화를 제작하며 미국 독립 영화계의 주요 인사로 거론된다.

11
1963년 서울 출생. 〈공동경비구역 JSA〉, 〈복수는 나의 것〉, 〈올드보이〉, 〈친절한 금자 씨〉 등을 만든 한국의 영화감독.

초고는 예전처럼 빨리 나왔다. 그로부터 2년간, 밥벌이를 하며 원고를 고치고, 또 고치고, 계속 고쳤다. 그리고 최종 원고를 출판사에 보낸 후 답변을 기다렸다.

다시 발단

지금까지는 소설가의 삶에 '절정'과 '결말'이 있으리라는 생각을 해본 적이 없다. 세 번째로 쓴 장편소설 《방콕》의 출간이 결정된 직후에도 나는 기쁨보다는 또 다른 소설을 쓰고 싶다는 생각에 사로잡혀 있었다. 《방콕》을 쓰고 고치는 동안 이와 별도로 한 가지 질문에 시달렸기 때문이다. 기후변화는 현재의 세계를 어떻게 바꿔놓을까? 소설이 이러한 위기에 할 수 있는 것은 무엇일까?

좋은 소설은 긍정적이든 부정적이든 세상을 바라보는 괜찮은 관점 중 하나를 독자에게 제안한다. 그런 측면에서 그 당시도, 지금도 내가 바라본 세계의 절대적 현실은 '기후변화 시대'의 한복판으로 끌려가고 있다는 것이었다. 그전과 후로 나뉠 수 있을 만큼, 기후변화는 시급하고 중대한 문제처럼 여겨졌다 ('코로나19'라는 느닷없는 복병을 만난 후에도 여전히 그 마음은 변함없다. 기후변화는 인간만의 문제가 아니니까).

장편소설을 수정하는 와중에 기후변화와 관련한 단편들의 아이디어를 떠올리고, 관련 자료를 수집했다. 《방콕》 원고를 출판사에 보내고 답변을 기다리는 동안 나는 연작 단편집에 들러붙었다. 돌이킬 수 없는 상황으로 가기 전에 지금 삶의 방식과 사회 시스템에 문제를 제기해야 했다. '써야만 하는 이야기'를 갖게 된 것이다.

좋은 소설가란 어떤 존재인지 생각해본 적이 있다. 궁극적으로 읽는 사람에게 '사랑' 같은 감정을 불러일으키는 글을 쓰는 이가 아닐까? 글은 패션과 비슷한 측면이 있다. 자신의 은밀한 내면과 욕망을 드러내면서도 감출 건 감추는. 소설가들은 자기애와 인류애, 지구 생명체에 대한 사랑 사이에서 균형을 계속 잡아나가며 어쨌거나 계속 쓰고, 좌절하고, 고치고, 또 고치면서 이게 뭐지? 하는 감정과 맞닥뜨리는 사람들이다. 그러나 정말 내가 기꺼이 할 수 있는 말은, 일단 뭐든 쓰고 고쳐나가는 것이 시작이자 거의 전부인 사람들이라는 것이다.

김기창은 1978년 경상남도 마산에서 태어났다. 대가족 속에서
자란 덕분에 다양한 사람들의 습성을 받아들이는 법을 알게
되었다. 그래서 할아버지, 할머니의 말을 반 따랐고, 부모님의
말도 반 따랐다. 학교에서도 마찬가지였다. 선생님의 말과
친구들이 하는 말을 반만 뒤쫓았다. 모든 게 그랬다.

—

한양대학교 사회학과에 입학한 이후 서울에 살면서부터 경상도
정서 반을 가진 채 서울 문화의 반을 입었다. 졸업 이후에는 영화
시나리오, 경제 주간지와 잡지 기사, DMB 라디오 방송 대본 등
다양한 매체에 필요한 글을 쓰며 아이들을 가르쳤다.

—

2014년 집필한 첫 번째 장편소설 《모나코》로 제 38회 오늘의
작가상을 받으며 소설가로 데뷔한 후 2019년 두 번째 장편
소설인 《방콕》을 통해 작가 특유의 하드보일드 문체를 독자에게
각인시켰다. 현재는 단편집 《기후변화 시대의 사랑》을
집필 중이다.

Rosella
Postorino

로셀라
포스토리노

Roma

로셀라 포스토리노는 이탈리아의 소설가이자 편집자이다. 그는
오 캄피엘로 비평가상을 받으며 작가로서의 지평을 넓히고 있
식을 먹는 여자들»은 역사적 실화를 바탕으로, 전쟁의 이면과 인
그는 평범한 선택의 결과가 야기하는 악, 그 안에서 드러나는 인

년 «히틀러의 음식을 먹는 여자들»로 유수의 문학상인 프레미

어와 평론가들에게 신선한 수작이라고 평가받은 «히틀러의 음

을 섬세하게 묘사하며 불변하는 이야기로서 가치를 획득했다.

를 들여다보는 일에 특히 관심이 크다.

소설가란 평범하게 사는 걸 참을 수 없는 존재들이죠

로셀라 포스토리노의 로마 집과 테레베강 인근에서 두 차례 화상 인터뷰,
2020년 6월 6일 오후 5시 30분, 2020년 6월 7일 오후 4시

내 안에서 소설이 충분히 자랄 때까지 기다린다

근 3개월은 굉장히 다른 세상이었는데, 어떻게 지냈나요?

저는 작가인 동시에 출판사에서 풀타임으로 일하는
편집자입니다. 집에서 일하는 동안 연이은 콘퍼런스
콜과 전화 통화로 분주했어요.
그 와중에 고독과 소외감이
오래가지 않도록 하루를 여러
개로 쪼개서 루틴을 만들어
생활했습니다. 매일 명상을
하고 필라테스를 했어요. 실비아
플라스[1], 마르그리트 뒤라스[2],
앨리스 먼로[3], 존 치버[4]….

1	1932년 보스턴 출생. 미국의 작가.
2	1914년 베트남 출생. 프랑스의 영화감독이자 작가.
3	1931년 출생. 캐나다의 소설가.
4	1912년 보스턴 출생. 미국의 소설가.

어떤 날은 종일 제가 사랑하는 작가들의 초상화를 그리기도 했고요. 무언가에 집중하는 일은 제게 안정감을 줍니다. 처음엔 소설을 쓰려고 했는데, 불안감이 너무 커서 어려웠어요. 무언가를 집중해 읽는 것조차 힘이 들더군요. 유일하게 할 수 있는 일은 이미 읽은 책을 다시 읽는 거였죠. 제가 알던 것을 다시 찾는 것은, 제가 어떤 사람인지를 일깨웁니다. 그러면서 서서히 새로운 책도 읽을 수 있게 되었어요. 전쟁 혹은 감옥, 고통을 묘사하는 책은 전혀 읽을 수가 없었지만요. 근 5년, 제 책 《히틀러의 음식을 먹는 여자들》을 쓰기 위해, 자유를 열망하면서 갇혀 있는 심리에 대해 파고들었던 터라 록다운 상황은 특히 저를 더 괴롭게 했습니다. 바이러스에 대한 두려움이 아니라 자유의 부재가 폐소공포증과 불안을 유발했어요.

매일 아침 일어나면 맨 먼저 하는 일은 무엇인가요?

솔직하게 말하면 소변보는 거예요. (웃음) 팬데믹 (pandemic) 이후인 3월부터는 아침에 일어나면 먼저 핸드폰을 켜고 침대에 누워서 《라 레푸블리카》[5]의 헤드라인을 검색하거나 SNS와 이메일을 확인합니다. 남자 친구가 출근하면 30분가량 명상하고, 아침을

---

5   1976년 로마에서 창간된 이탈리아 일간 신문.

먹고 일을 시작해요. 한때는 아침에 일어나면 곧장 테베레강[6] 근처를 6~8킬로미터 정도 걸었죠. 걷는 게 글 쓰는 일에 크게 도움이 되거든요. 머릿속에 있던 명확하지 않은 것들이 걸으면서 정리가 되죠.

작가로서 글을 쓸 때 환경이 얼마나 중요한 문제인가요?

제게 유일하게 필요한 것이 있다면 밖을 내다볼 수 있는 창문인데요, 창문 밖에 무엇인가가 있고, 어떤 일이 벌어지고 있다고 상상할 수 있게 말이죠. 누군가 들어올 땐 반드시 노크할 수 있도록 문이 달린 공간이어야만 해요. 하지만 장소는 크게 괘념치 않아요. 제 세 번째 소설 《길들여진 몸(Il corpo docile)》[7]은 파리에 있는 친구 집에 얹혀살면서 썼어요. 생 제르맹 데 프레(Saint Germain Des Prés) 근처였는데, 제가 좋아하는 동네예요. 작가 마르그리트 뒤라스가 살기도 했던 곳이죠. 거기에서 글을 아주 잘 쓸 수 있었답니다. 고독한 곳, 혼자 있을 수 있는 곳이면 다 좋아요.

글을 쓸 때 갖추는 의식이나 습관이

6   길이 406킬로미터의 강으로, 이탈리아 중부에서 로마시를 관통하여 티레니아해까지 이어진다.

7   로셀라 포스토리노의 2013년 작품. 감옥에서 태어난 여자가 주인공으로, 차별받는 현실에 직면한 인간의 아픔을 그려낸 소설이다.

소설가란 평범하게 사는 걸 참을 수 없는 존재들이죠

있는지도 궁금합니다.

> 저는 브래지어를 안 하면 글을 쓸 수가 없어요. 글을
> 쓸 때도 밖에 나갈 때처럼 외출복 차림이어야 합니다.
> «히틀러의 음식을 먹는 여자들»을 쓸 때도 몸을 깨끗하게
> 씻은 뒤 책상에 테이블보를 깔고 정리부터 했는데,
> 이렇게 하면서 먼저 머릿속에서 준비를 해요.

집필 활동을 하는 동시에 편집자, 번역가로도 활동하고 있죠?

> 2003년 작은 출판사에서 일을 시작했습니다. 그때
> 마르그리트 뒤라스에 대한 짧은 에세이를 쓰고,
> 출간했어요. 2004년 에이나우디 출판사(The Einaudi
> Publishing House)[8]와 작가로서 처음 인연을 맺고
> 단편소설을 한 권 썼는데, 3년 뒤에 에이나우디에서
> 편집자로 일하게 되었죠. 매일 출근해서 다른 작가들에게
> 연락하고, 글을 편집하고, 그러면서 신문에 칼럼을
> 썼어요. 마르그리트 뒤라스의 책 다섯 권을 불어에서
> 이탈리아어로 번역하기도 했고요. 마르그리트 뒤라스는
> 제가 정말 잘 알고, 이해하는 작가입니다. 15세 때부터
> 그의 작품을 읽기 시작해서
> 전부 샅샅이 훑었어요.
> 파리 외곽 노플르샤또

8   1933년 이탈리아
토리노에서 시작한 출판사. 주로
문학 작품을 출간한다.

(Neauphle-le-Château)[9]에 있는 그의 집에서 자보기도
했고, 그의 아들과 직접 이야기를 나누기도 했죠. 제게
뒤라스는 문학의 어머니 같은 분으로, 감성적으로 연결된
느낌을 받고 있어요.

출판사에서 풀타임으로 일하면 언제 글을 쓰나요?

저는 주말이나 여름휴가를 이용해서 글을 써요. 다들
바다로 뛰어드는 한여름 아침 7시에 일어나 온종일
앉아서 글을 씁니다. 리구리아(Liguria)[10]에서요.
리구리아는 이탈리아 북쪽에 있는 해안 도시인데,
저희 부모님이 이곳에 사시죠. 저는 보통 여름휴가를
3주가량 몰아서 떠나는데, 그때 주로 소설 집필을 해요.
필요한 리서치나 구상 작업은 여름이 되기 전에 마치고,
여름휴가 때 그걸 바탕으로 글을 쓰는 거죠.

전업 소설가로 사는 삶 대신 소설가와 편집자의 일을 병행하기로
선택한 이유가 있다면요?

원한다면 풀타임 작가로도
살 수 있어요. 하지만
두려운 마음이 듭니다.
지금껏 생산적인 일을 하는

9   프랑스 중부 일드프랑스
(Île-de-France) 이블린 지방에
있는 코뮌. 파리에서 서쪽 방향으로
약 40킬로미터 떨어져 있다.

10   이탈리아 북서부에
위치한 주. 주도는 제노바다.

데 익숙해져 있거든요. 온종일 글만 쓰는 삶을 살아보지 않았고, 잘할 수 있을지도 모르겠어요. 컴퓨터만 쳐다보는데, 쓸 말이 떠오르지 않으면 어떻게 하죠? 그리고 저는 편집자로서 제 일을 정말 좋아해요. 작가는 늘 고독 속에서 일해야 하는데, 편집자는 팀워크로 움직이죠. 저는 굉장히 사회적인 사람이고, 다른 사람들과 같이 어울리는 삶을 좋아하기에 두 가지 인생을 즐기고 있어요.

아이디어를 얻기 전까지 약간은 시간을 허비하는지, 철저하게 시간을 정해두고 뭐라도 앉아서 쓰는 타입인지 궁금합니다.

정리된 삶을 사는 것 이외에 시간 낭비하는 것을 싫어합니다. 저는 소파에 앉아서 TV를 본 기억이 별로 없어요. 집에 TV가 있었던 적도 거의 없죠. 하지만 최근 (록다운 기간에) 배운 게 있다면, 지나치게 한도를 초과한 생산 활동을 하지 않는 것이었습니다. 30~40분간 꼼짝 않고 호흡에 집중하면서 명상하는 일이 제게는 새롭고 어렵기도 했어요. 편집자로서 저는 '전쟁 무기'예요. 끊임없이 일 처리를 하는, 무척이나 건설적인 사람이죠. 반면 소설을 쓸 때의 저는 글을 쓰려는 의지에 저항해요. 만일 제게 아이디어가 생기면 적어도 1년은 이 아이디어와 싸워요. 만일 쓰고 싶은 생각이 그것을 억누르려는 제 의지를 이기면, 그제야 써야 하는구나 받아들이고 쓰기 시작하죠. 참고 누르고 계속 저항해도 쓰려는 의지가 생긴다면 써야 해요. 필요에 의해 말 그대로 절실해서 쓰는 거죠. 제 안에서 소설이 충분히 자랄 때까지 기다려요.

아이가 성숙해서 산달이 될 때까지 기다리다 결국 낳지 않을 수 없을 때 출산하는 것처럼 말이죠.

맞아요. 제게 제 글은 고통을 주고, 쓰면서도 전혀 행복하지가 않아요. 특히나 제 소설의 주제가 그리 행복감을 줄 만한 것이 아니기도 하죠. 전쟁, 감옥, 마피아, 병…. (최종적으로) 글이 세상 밖으로 나올 때까지 제 머릿속엔 이토록 무거운 주제들이 저를 따라다니면서 괴롭힙니다. 은연중에 제가 소설가의 땅에 발 들이는 걸 거부하고 있는 걸지도 몰라요. 그리로 가면 힘들다는 걸 아니까.

편집자로서 생활한 시간이 소설가의 삶을 사는 데, 확실히 도움이 된 부분이 있을까요? 반대의 경우도 궁금합니다.

시간으로만 따져보면, 편집자로서 산 시간이 제 인생에 더 큰 부분을 차지합니다. 즉, 다른 사람의 글을 다루는 일에

제시간의 대부분을 썼죠. 이탈로 칼비노[11]나
체사레 파베세[12]처럼요. 특히 저와 이탈로 칼비노
사이에 공통점이 많다고 느낍니다. 그의 노트에 적힌
"더 못 해 먹겠다. 하지만 다른 사람의 책을 세상에
내는 데, 일조했다는 생각이 나를 행복하게 한다"라는
구절을 읽었거든요. 시간과 관련해서 좌절감을 느낄
때도 많습니다. 주말엔 글을 쓰고 싶은데, 일 때문에
페스티벌에 가거나 급히 다른 작가의 책을 읽어야
하면 스트레스를 받아요. 편집자로 일하는 것의 또
다른 문제는 더는 저를 순수하지 않게 만드는 겁니다.
출판사가 원하는 편집자의 메커니즘이 있기 때문에 저는
꿈을 꾸지 않아요. 상당수 작가가 자신이 창조한 이상
세계에 살면서 혹독한 현실을 잘 이해하지 못하는데,
그와 달리 저는 너무 잘 알기 때문에 그들보다 더
고통스럽죠. 제가 원하는
글을 쓰지만, 출판사가
모든 책이나 작가를
동등하게 대하지 않는다는
걸 동시에 아는 거예요.
자기 검열의 위험이 있다는
것 또한 사실입니다. 두
가지 일을 병행하면서
도움이 된 건 글 쓸 수

11   1923년 쿠바 출생.
이탈리아의 소설가. 《거미집으로
가는 오솔길》, 《모든 우주만화》,
《보이지 않는 도시들》, 《겨울밤의
나그네라면》 등 여러 작품을 남겼다.

12   1908년 출생.
이탈리아의 소설가. 1935년 반
(反) 파쇼 활동으로 인해 이탈리아
남부에서 옥살이를 했다. 첫 소설
《너의 고향》은 최초의 네오리얼리즘
문학으로 일컬어진다.

있는 시간이 많지 않은 제게 확실히 글 쓰는 훈련을 하게 해줬다는 겁니다. 거부할 때까지 거부하다가 글을 쓰기 때문에 더욱 확신하고 쓸 수 있게 되었고요. 지금까지는 운 좋게 이 두 가지 자아를 잘 분리해서 운용할 수 있었어요. 한 가지 더 말하자면, 저 또한 제 글을 위한 편집자가 필요합니다. 대개의 작가처럼 저도 제 작품을 대할 때 두렵고 감정적이 되죠. 제가 그러하듯 제 편집자도 제게 용기를 불어넣고 위로하며 에너지를 줘요. 제 생각에 편집자는 작가의 심리치료사나 '베이비시터' 같은, 도우미 역할을 하는 것 같아요.

소설가에게 가장 중요한 덕목은 헌신이다

2007년 첫 작품 «위층 방(La Stanza di sopra)»[13]을 선보이면서 소설가로 데뷔했습니다. 전신이 마비된 아버지와 사는 소녀의 이야기인데, 어떻게 이 이야기를 쓰게 되었나요?

제 고등학교 친구 중에 전신 마비 상태의 아버지와 사는 아이가 있었습니다. 저는 그 사실을 알고 있었지만, 친구는 아버지 이야기를 꺼낸 적이 없었어요. 단 한 번도요. 한번은 친구의 초대로 그 집에 놀러 간 적이 있는데, 친구는 아버지가 집에 있는데도

13 　　로셀라 포스토리노의 2007년 데뷔작. 이 작품으로 이탈리아 라팔로 까리제 신인 작가상을 수상하며 데뷔했다. 전신 마비 아버지와 함께 살아가는 소녀의 서사를 담은 작품으로 인간관계의 모호함과 잔인함, 욕망과 소유에 대한 이야기를 담고 있다.

아예 없는 것처럼 행동했죠. 그때 아버지 역할을 할 수 없는 아버지를 가진 친구의 머릿속을 저도 모르게 상상했던 것 같아요. 저는 식구들을 보호하고 앞서서 문제를 해결하는 강한 아버지가 있는 가정에서 자랐는데, 친구는 식구들의 보호를 받는 아버지와 살았죠. 친구는 자주 울었는데, 그게 아버지 때문이라든가 하는 말은 절대로 하지 않았어요. 친구의 어머니는 아버지를 돌봐야 했고, 친구는 늘 외로웠죠. 학교에 갔다가 집에 돌아가도, 아무도 없는 것처럼 버려진 느낌을 받았을 거예요. 그 느낌이 제 머릿속을 맴돌았고 첫 소설 «위층 방»을 쓸 때 그 친구가 생각났어요. 어떠한 답도(조언도) 줄 수 없는 아버지를 가진 제 친구에게 영감을 받은 이야기입니다.

과거와 다시 대면해야 하는 가족의 이야기를 다룬 «신(神)을 상실한 여름(L'estate che perdemmo Dio)»[14], 교도소에서 태어난 여자아이의 인생을 그린 «길들여진 몸»에서 보이듯 당신의 마음이 향하는 주제는 대체로 제한된 상황이나 한계 안에서 벌어지는 인간의 선택에 대한 것처럼 보이는데, 어떠한가요?

제가 가장 흥미를 느끼는 부분은 두 가지입니다. 첫째로 인간이란

> 14   로셀라 포스토리노의 2009년 작품. 한 가족이 잔혹한 기억이 있는 장소로 돌아가면서 들추고 싶지 않은 순간을 회상하게 되는 과정을 서술한 소설. 고난 속에서 가족의 행복을 찾기 위해 고군분투하는 과정을 그렸다.

존재는 때때로 어떤 선택을 하지 않더라도 죄악의 상황 속으로 빠져들 때가 있다는 것. 희생자인 동시에 '악'이 되는 인물들이 있어요. 《신(神)을 상실한 여름》 속의 가족도 그러한 경우죠. 범죄를 저지르는 마피아는 아니지만, 마피아의 가족이기 때문에 이미 만들어진 그 시스템으로 들어가게 돼요. 거부할 수 있지만, 결국 그것을 허락함으로써 공범이 되는 이야기죠. 이것은 제가 칼라브리아(Calabria) 태생이기 때문에 매달리는 주제이기도 합니다. 이탈리아 남부 지역 출신 작가들은 언젠가 한 번쯤은 마피아라는 주제를 다룰 수밖에 없어요. 마치 가톨릭에서 말하는 원죄를 갖고 태어난 사람들처럼 남부 출신 작가들은 이 원죄를 가지고 태어났죠. 《길들여진 몸》의 밀레나 역시 마찬가지입니다. 밀레나에겐 죄가 없지만, 그의 엄마가 죄인이므로 죄악의 상징인 교도소에서 태어나요. 그 또한 피할 수 없는 죄를 안고 살아가는 인간인 겁니다. 두 번째로 제가 창조한 인물들은 모두 자유가 상실된 채 어딘가에 갇혀 있는데요. 이들은 끊임없이 자유를 갈구하고, '한 조각'의 자유라도 얻기 위해 몸부림칩니다.

일단 소설가로서의 삶을 시작했더라도 직업인으로 이 일을 유지하는 것은 별개의 이야기 같아요. 소설가의 삶을 지속하기 위해 가장 필요한 덕목이 무엇이라고 생각하나요?

소설가에게 가장 중요한 덕목이 있다면 헌신입니다. 그리고 아무것도 막을 수 없는 열정, 반드시 해낼 것이라는 믿음이죠. 이 일은 훈련이기도 해요. 글을 쓰는 건 시간이 필요합니다. 저는 소설을 쓸 때 한 번에 한 문단을 완성하고 되돌아가서 고치지 않고 한 문장을 쓰고 해체하고 다시 붙이는 작업을 반복해요. 상당한 인내심이 요구되는 작업입니다. 소설가로 데뷔했을 때의 작업 방식이 본능적이고, 직관적이었다면 지금은 조금 더 기술적이라고 할 수도 있겠네요. 물론 여전히 직관적인 부분에 의존하는 일이 많지만요. 글을 쓰는 일은 머릿속에 꽃이 필 수 있게 흘러가는대로 의식을 놓아두는 일이기도 합니다.

소설가로서 목표하는 일을 정확히 정해두는 편인가요?

소설을 쓰는 사람으로서 목표는 다음 소설을 쓰는 것입니다. (웃음) 늘 더는 소설을 못 쓰게 될까 두려워요. 이건 마치 깊은 사랑 같은 감정이죠. 누굴 너무 사랑하면 이별할까봐 두렵잖아요. 예전에 제가 작가가 된 과정을 짧은 기사 형태로 쓴 적이 있는데, 그 기사의 마지막 문장을 이렇게 썼어요. "나는 매일 질문한다. 이게 진짜 내 운명인지. 내가 가장 두려운 것은 운명이 아닌 것에 내 인생을 거는 것이다." 지금은 이 일이 제 운명이라고 생각해요. 글을 떠나지 않는 것, 끝내지 않는 것이 제 목표예요.

세계적인 작가 무라카미 하루키 역시 작가란 자기 영역에 있어서 자존심이나 경쟁의식이 강한, 기본적으로 이기적인 인종이라고 이야기한 바 있는데요. 당신이 이해하기에 소설가는 어떤 사람 같나요?

저는 작가들이 에고이스트라고 생각하지는 않습니다. 그저 자기중심적인 사람들일 뿐이죠. 아주 어릴 때부터 작가들은 자기 자신의 세계에 갇혀 있어요. 그렇지 않다면 다른 사람들과 어울리는 걸 더 좋아했을 겁니다. 매일 8시간 이상 컴퓨터 앞에 앉아 가상 세계를 만드는 일은 밖에 나가 친구들과 맥주 한잔하는 것보다 훨씬 비정상적인 일이죠. 작가들은 이상한 존재들이에요. 그저 평범하게 인생을 사는 건 참을 수 없는 이들이죠. 저는 생(生)을 자연이나 운명, 신, 혹은 그 무엇으로 불리든, 다른 존재(힘)가 결정하는 것을 참을 수 없었어요. 그런데 소설을 쓸 땐 제가 처음부터 끝까지 결정할 수 있어서 좋았죠. 제가 어떤 존재의 끝을 정할 수 있어 저 자신이 일종의 신처럼 느껴졌습니다.

혹시 종교를 믿나요?

로셀라 포스토리노, «히틀러의
음식을 먹는 여자들» 중, p21

측정할 수 없는 아득한 시간이 흘러 음식물이 완전히
소화돼 경계태세가 해소되자 친위대원들은 레니를
깨웠다. 그들은 우리를 일렬로 세운 뒤 버스에 태워 집으로
돌려보냈다. 더 이상 속이 부글거리지 않았다. 위가 음식을
받아들인 것이다. 내 몸은 총통의 음식을 흡수했다. 이제
총통의 음식은 피를 타고 내 몸속에서 순환하고 있었다.
히틀러는 무사했고 나는 또다시 배가 고팠다.

저 또한 모든 이탈리아인처럼 가톨릭 교육을 받았습니다.
하지만 저는 무신론자는 아니지만, 불가지론자
(agnostic)라고 볼 수 있죠. 무신론자는 신이 없다고
확신하는 사람들인데, 저는 신의 존재 여부에 대해선
알지 못하니까요. 결정을 잠시 미루고 싶어요.

모든 사람의 인생은 쓰다

《히틀러의 음식을 먹는 여자들》은 영문도 모른 채 히틀러의 'SS 친위대'에게 끌려온 로자가 자신을 포함한 열 명의 여인들과 함께 히틀러의 음식을 감식하는 역할을 하면서 겪는 일을 기록하고 있습니다. 2018년 출간 즉시 이탈리아 내에서 1개월에 3만 부 이상 판매되어 화제가 되었고, 이 작품으로 당신은 프레미오 캄피엘로 비평가상을 포함한 다수의 문학상을 받았습니다. 어떤 연유로 이토록 뜨거운 반응을 얻었다고 생각하나요?

여태껏 이탈리아에서는 15만 부가 팔렸고, 프랑스에서는 10만 부가 팔렸어요. 두 가지 이유가 보여요. 나치즘은 사람들이 늘 관심 있는 주제이고, 사람들은 언제나 이 비인간적 역사에 질문을 던지죠. 어떻게 인간이 그렇게

행동할 수 있었을까 하고 말이에요. 이 역사적 시기를
저는 조금 새로운 시각으로 조명했습니다. 이 소설의
주인공 로자 자우어(Rosa Sauer)는 독일 여성이지만,
나치즘의 전형적인 희생자는 아니에요. 하지만 어떤
의미에서는 희생자라고 불릴 수도 있죠. 선택하지
않았지만, 매일 (히틀러의 음식을 맛보는 일을 하면서)
죽음의 위험과 맞닥뜨리며 살아야 했으니까요. 우리
모두가 감정이입할 수 있는 캐릭터죠. 동시에 이 여인은
불편한 존재입니다. 우리는 대체로 좋은 사람, 영웅적
면모가 있는 사람에 감정을 대입하려 하는데, 그런
측면에서 로자는 훌륭한 사람도, 더군다나 영웅도
아니에요. 오히려 살아남기 위해 악에 협조한 사람, 선과
악이 뒤섞인 사람으로 볼 수 있죠. 하지만 많은 독자나
평론가가 이야기하듯 모두가 로자에게 공감했어요.
로자의 선택에 동감했죠. 제 소설이 나치 시대를 산
독일인을 이해하는, 불편한 감정을 느끼게 만든 거예요.

이 놀라운 이야기가 마고 뵐크(Margot Wölk)의 실화에서
영감을 얻었다고 들었는데요. 작가 노트에 의하면, 마고 뵐크의
이야기를 《스피겔》의 온라인 기사로 처음 접했고 그 즉시 깊이
조사하고 싶다는 충동을 느꼈다면서요?

처음 마고 뵐크의 이야기를 들었을 때부터 희생자이면서

(히틀러와) 공범인 상황이 공존한다는 걸 느꼈습니다. 마고는 원치 않았지만, 히틀러의 목숨을 살리는 일에 동원되었어요. 히틀러를 한 번도 만난 적이 없으면서도 말이죠. 이러한 아이러니가 그간 제가 쓴 모든 소설에 깃들어 있습니다. 그래서 마고 뵐크의 이야기에도 흥미를 느꼈던 것 같아요.

마고 뵐크의 베를린 집 주소를 수소문해 인터뷰를 요청했지만, 그가 사망했다는 소식을 듣게 되었습니다. 어떻게 소설을 끝까지 완성할 수 있었나요?

처음 마고의 이야기를 알게 된 건 2014년 9월이었어요. 소설은 2018년 1월에 출간되었죠. 4년 이상 시간이 걸렸습니다. 소설을 구상하고 쓰기 전까지 전쟁에 대한 에세이나 역사책, 제2차 세계대전을 배경으로 한 소설을 탐독했고, 조사도 많이 했어요. 그가 살았던 환경과 장소의 분위기, 심지어 냄새까지 기록하면서 자료를 모았습니다. 마고 뵐크와 관련된 장소도 직접 찾아다녔고요. 실제로 그가 지냈던 그로스 파르치 (Gross-Partsch)와 히틀러의 요새로 알려진 '볼프스부르크(Wolfsburg)'도 탐방했었죠. 마고가 살던 집도 찾아보려 했으나, 방문 당시엔 마을 어느 집에도 그의 집이었다는 표식이 없어서 찾을 수 없었어요.

그런데 4년 후 제가 다시 그곳을 둘러보러 갔을 때,
한 집에 마고 뷜크가 살던 집이라는 나무 표지판이
세워져 있었고, 제 상상과 완전히 일치한다는 사실을
발견했죠. 굉장히 소름 끼치는 경험이었어요.

마고 뷜크의 실제 이야기와 소설 속 이야기는 얼마나 일치하나요?

이건 굉장히 중요한 부분인데요. 《히틀러의 음식을
먹는 여자들》은 로자의 이야기이지 마고 뷜크의
이야기가 아닙니다. 저는 그분을 만난 적도 없고, 어떤
사람이었는지도 알지 못합니다. 모두 제가 지어낸
내용이에요. 마고의 이야기와 소설이 겹치는 부분이
있다면, 그가 베를린 출신이고 전쟁 중 살던 집이
폭격으로 파괴되었으며, 남편이 전쟁에 출정하면서
시댁에서 살아야 했고 강제로 히틀러의 감식가로 일하게
되었다는 것이죠. 이 소설은 그의 실화를 다룬 것이
아니라 정확히는 그로부터 영감을 받은 이야기라고
할 수 있어요.

메인 캐릭터인 로자 자우어는 당신의 본명인 '로자'에서
따왔습니다. 특별한 이유가 있나요?

제 이름을 쓴 것은 로자에게 생긴 일이 누구에게나

벌어질 수 있다는 걸 보여주기 위해서였어요. 제가
바로 그가 될 수 있다는 이야기죠. 자우어(Sauer)는
독일어로 '쓰다', '화가 났다'라는 뜻이 있습니다. 로자의
힘든 인생을 상징하는 성이죠. 모든 사람의 인생은 쓰지
않나요? 그녀가 히틀러의 음식을 맛볼 때 느낀 쓴맛과
그 고통을 상징적으로 나타내고 싶었습니다.

이 소설을 읽으면서 한나 아렌트(Hannah Arendt)[15]가 주장했던
'악의 평범성'에 대한 이야기가 떠올랐습니다. 인간은 선과 악을
동시에 갖고 있고, 평범한 사람들이 내리는 선택이 결과적으로
악에 해당할 때가 있다는 이야기를 전하려 한 건가요?

물론입니다. 이 소설을 쓰기 위해 몇 가지 철학 서적을
참조했습니다. 한나 아렌트의 저작인 《예루살렘의
아이히만 – 악의 평범성에 관한 보고서》에 '악의 평범성
(the banality of evil)'에 대한 유명한 이야기가
나오죠. 내가 내 행동의 결과를 생각하지 않는 순간
이미 악과 타협할 수 있는 위험에 놓인다는 주장인데요.
무관심 또는 악의 결과에 대한 상상력의 부재에 대한
경고이기도 합니다.

《예루살렘의 아이히만》은
나치즘을 주제로 하지만,
어디에서나 볼 수 있는

15   1906년 독일 태생. 유대인 철학사상가이자 정치철학자. 나치를 피해 미국으로 이주했으며, 사회적 악과 폭력의 본질을 깊이 연구하여 《폭력의 세기》를 집필했다.

소설가란 평범하게 사는 걸 참을 수 없는 존재들이죠

현상을 다루고 있어요. 예를 들어, 유럽과 미국에서는
이민자 문제가 굉장히 이슈인데요. 아프리카 대륙에서
유라시아 대륙으로 넘어오기 위해 지중해를 건너다
익사하는 아프리카 이민자가 해마다 적지 않은데, 모두
나로 인해 그들이 죽었다고는 생각하지 않죠. 실은 내가
행동하고 있지 않기에 이들이 바다를 건너려다 목숨을
잃은 건데도 말이에요.

(홀로코스트의 전범인) 아돌프 아이히만(Adolf
Eichmann) 역시 악의 평범성을 대변합니다. 그는
"나는 나의 권력자가 시키는 대로 행동하는, 성실한
사람이었다"라고 말해요. 직접 유대인을 죽인 것이
아니라 단지 (수용소로 향하는) 기차를 관리했을
뿐이라고요. 행정적으로 악의 한 부분에 참여했을
뿐인데, 그는 악과 공범자가 된 것이죠. 프리모 레비[16]의
사상도 중요했습니다. 그는 이탈리아 작가로 강제수용소
아우슈비츠 비르케나우(Auschwitz Birkenau)에
끌려갔다가 살아 돌아온 이후로 많은 책을 썼지만,
끝내는 자살했어요. 저는
그의 «가라앉은 자와
구조된 자(I sommersi e
i salvati)»라는 에세이를
좋아합니다. 그는
박해자와 희생자의 경계가

16   1919년 토리노 출생.
이탈리아의 작가. 1943년 12월
파시스트 민병대에 체포되어,
1944년 2월 포솔리 수용자들과
함께 아우슈비츠로 이송되었다.
아우슈비츠에서의 기적적인 생활과
귀향 체험을 쓴 회고록 «이것이
인간인가»가 대표작이다.

불분명한 '회색 지대'를 언급해요. 같은 유대인이지만, 아우슈비츠에서 적의 편에 서서 살아남으려고 유대인을 핍박하고 감시하는 부류에 관해 이야기하죠. 여기서 살아남은 사람은 좋은 사람이 아니라 단지 적응을 잘했던 사람이라고 말해요. 로자는 인간적으로 나치라는 환경에 잘 적응한 사람이에요. 인간이기 때문에 시스템에 적응하지만 (적응을 잘하면 할수록) 점점 더 인간성에서 멀어져갑니다. 칼 야스퍼스[17]는 《죄의 문제》를 통해 독일인에게 세 가지 죄가 있다고 말했죠. 나치를 허락한 정치적 책임, 그 정권과 협력한 도덕적 책임, 그리고 다른 이들이 죽어가고 고통받는 동안 무관심했고 행동하지 않은 형이상학적 책임. 이러한 이야기는 어느 시대에도 적용할 수 있어요. 그래서 제 책 《히틀러의 음식을 먹는 여자들》은 현재에도 해당하는, 인간 조건에 대한 이야기이기도 합니다.

17   1883년 출생의 독일 철학가. 하이데거와 함께 독일 실존철학을 창시했다. 칸트, 니체, 키에르케고르 등의 영향을 받았으며, 현대 문명에 의해 잃어버린 인간 본래의 모습을 지향했다.

로셀라 포스토리노, «히틀러의 음식을
먹는 여자들» 중, p73

크라우젠도르프의 병영에서 우리는
매일 죽음을 마주해야 했다. 하지만
우리가 직면하는 위험은 살아 숨 쉬는
모든 인간이 일상적으로 직면하는
위험 그 이상도, 그 이하도 아니었다.
'적어도 죽음에 대해서는 어머니 말이
옳았어.' 집에 온 것처럼 마음을 편하게
해주는 콜리플라워 향이 가득한 식당에
앉아 라디치오(이탈리안 치커리)를
아삭아삭 씹으며 나는 생각했다.

이야기 없이는 이 세상을 전혀 이해할 수 없다

언제부터 글을 쓰는 사람 내지는 글을 다루는 사람이
되어야겠다고 결심했나요?

> 아주 어렸을 땐 화가가 되고 싶었어요. 12살 때쯤 작가가
> 되고 싶었는데요. 안네 프랑크(Anne Frank)의 《안네의
> 일기》를 보면서 꿈을 꿨죠.

아주 어린 시절부터 나치의 이야기에 관심이 있었나 봅니다.

> 《안네의 일기》를 읽은 건 어쩌면 그저 작은 우연일 수도
> 있어요. 어릴 때부터 안네 프랑크처럼 극단적인 상황에
> 갇혀 있는 인간의 이야기에 관심이 있었나 봅니다.

무엇보다 '글'은 누군가 살아 있었던 증거로서 가치가 있어서 좋았어요. 안네 프랑크라는 인간이 존재했다는 것. 글을 쓰면 자신의 존재를 증언할 수 있고, 흔적을 남길 수 있다는 사실이 저를 사로잡았습니다. 12세 무렵부터 시나 동화, 흠모하는 가수의 가상 인터뷰, 신에 대한 철학적 에세이를 썼던 것 같아요. 미처 끝을 내지 못한 20쪽짜리였지만요. (웃음) 하지만 작가가 되고 싶다고 말하는 건 창피했어요.

작가가 되고 싶다고 이야기하는 것이 왜 창피했나요?

왜냐하면 저희 가족들은 높은 문화 수준을 갖춘, 학문적 배경이 있는 사람들이 아니었어요. 단순하고 소박한 사람들이죠. 그래서 가족들에겐 제 생각을 다른 사람이 읽는 글로 표현하겠다는 이야기가 황당하고 거의 오만에 가까운 소리였어요. 제가 작가가 되고 싶다는 건 제 인생의 몇 사람에게만 털어놨죠. 제 소설이 두 권가량 나왔을 때쯤 저를 작가라고 불렀고요. 그전엔 스스로 작가라고 부르지도 못했어요. 제 꿈이었지만, 인정하기가 어려웠습니다.

왜 우리는 소설을 읽어야 할까요?

소설은 인간에게 감성을 가르치죠. 우리는 죽음이나

종말에 대한 두려움을 포함해, 이 세상을 이야기를 통해 이해합니다. 누구에게나 각자의 이야기가 있고, 이야기 없이는 이 세상을 전혀 이해할 수 없어요. 나아가 소설을 읽는 일은 당신과 전혀 다른 사람이 다른 장소에서 겪는 사건과 감정을 느끼게 해주죠. 히틀러의 음식을 맛보는 일을 우리는 절대 경험할 수 없지만, «히틀러의 음식을 먹는 여자들»을 통해 그 일을 경험한 사람의 삶 속에서 그의 세계를 바라볼 수 있게 되는 거죠. 남자는 여자로, 흑인은 백인으로, 이성애자는 동성애자로, 가난한 사람은 부자로 혹은 반대의 경우로, 소설은 다른 이들의 삶을 경험케합니다. 인생은 제한적이어서 한 번에 여러 가지 경험을 할 수가 없잖아요. 소설은 무한한 경험을 통해 당신의 세계를 확장하고, 감성의 스펙트럼을 넓혀주는 일을 맡습니다. 제 생각에 다른 이들을 이해하는 공감 능력은 세상에서 가장 중요한 감성이고, 편견과 차별에 맞서 이길 수 있는 유일한 도구입니다.

소설가로서 놓치지 말아야 할 것이 있다면 무엇이라고 생각하나요?

작가라면 이 세상 어느 것도 허투루 넘기지 말고 그 안에 잠든 이야기를 볼 수 있어야 합니다. 어떻게 보면 일종의 형벌 같아요. 인생을 절대로 단순하게 살지 못하니까요.

평생 정상적으로 살 수 없는, 저주처럼 느낄 때도 있어요.
가끔 이런 저주 없이 사는 삶이 어떠할지 궁금하지만,
작가이기 때문에 필요한 이 저주를 잃지 않고 살아야 하죠.

소설 속 주인공을 묘사하듯 당신이라는 사람을 묘사한다면요.

너무 길어질 것 같은데요. (웃음) 두려움으로 가득 찬
여성이지만 어떤 면에선 용기가 있고요. 가끔 낯설어
하고 (본인이 다른 사람과 다르다는 걸 인식하고) 세상과
동떨어진 다른 세계에 자발적으로 갇혀 혼자 있을 때도
있지만, 다른 사람들을 갈망하고 자유를 찾는 여성.
꼭 제 소설 속 인물 같기도 하네요.

자유를 갈망하는 당신에게 마지막으로 묻고 싶은 질문이 있어요.
아이를 낳고 싶나요?

제가 한참 생각했던 주제이기도 한데요, 모정이 아름답다고
생각해서 고민했지만 결국엔 낳지 않기로 했습니다.
누군가를 이 세상의 고통 속으로 데려오는 게 두려워요.
하지만 그 결정에 완전히 만족하지는 않습니다. 제가
인생을 두려워하는 것 같아서요. 체사레 파베세가 말했죠.
"나는 글 쓰는 것을 배웠지만, 사는 것을 배우지는 못했다."
산다는 건 글 쓰는 일보다 더 어렵죠.

로셀라 포스토리노, «히틀러의 음식을
먹는 여자들» 중, p.372-373

우리는 각자 가져온 음식을
꺼내놓았다. 우리는 아직은 인간다운
식사를 함께하는 것이 가능하다는
사실을 증명하듯 두 장의 행주 위에
가져온 음식을 펼쳐놓고 함께 먹었다.
짐을 실을 용도로 만들어놓은 짐칸에
갇힌 사람들끼리도 인간다운 식사가
가능하다는 사실을 증명하려는
것처럼. 친구란 그렇게 되는 것이다.
세상과 격리된 상태에서 말이다.
(…) 나는 내 길동무들의 육체에 대해
한없는 연민을 느꼈다. (…) 당시에는
그 비천함이야말로 그들을 사랑할
수 있는 유일하고 진실한 이유처럼
느껴졌다.

로셸라 포스토리노는 1978년 이탈리아 레조디칼라브리아
(Reggio di Calabria)에서 출생해 리구리아에서 성장했다.
2003년 작은 출판사에서 편집자로 일을 시작했고, 2007년
전통 있는 출판사인 에이나우디로 자리를 옮겼다. 같은 해 그는
전신이 마비된 아버지와 살아가는 인물을 그린 소설 «위층 방»을
발표했고, 이 작품으로 포스토리노는 이탈리아 유수의 문학상인
라팔로 까리제(The Rapallo Carige) 신인작가상을 받으면서
본격적으로 소설가의 길을 걷게 되었다.

—

소설 «신(神)을 상실한 여름», «길들여진 몸»을 발표했고, 논픽션
«밀물(Il mare in salita)»을 썼다. 2018년 출판사 펠트리넬리
(Feltrinelli)를 통해 그의 대표작이자 수작이라 평가받는
«히틀러의 음식을 먹는 여자들»을 출간했고, 전 세계 46개국에서
번역서로 발간되었다.

—

현재 로마에 거주하면서 집필 활동과 편집자 생활을 활발하게
병행하고 있다.

—

instagram @*rosella_postorino*

로셀라 포스토리노
Rosella Postorino

"

문학적으로 가장 중요한 만남은 마르그리트 뒤라스예요.
프랑스 식민지 시대에 베트남에서 태어난 프랑스
작가죠. 다른 한 사람은 마르그리트 뒤라스 덕분에
만나게 된 이탈리아 작가 시모나 빈치인데요, 이탈리아
작가들이 쓴 마르그리트 뒤라스의 작품 평론집
《지식의 병(Malati di Intelligenza)》에 수록된 그의
인터뷰를 읽고 마음에 들어서 직접 편지를 썼고 제 글도
보내드렸어요. 시모나 빈치 또한 마르그리트 뒤라스에
대한 제 에세이를 마음에 들어 했더라고요. 그가 저를
기억했다가 에이나우디에 추천했고 그 인연을 통해
제 첫 번째 책이 세상에 나오게 되었죠.

"

**Jidon
Jeong**

정지돈

Seoul

정지돈은 해체된 서사와 직관적 이야기 구성, 실존 인물의 ⬚
문단에 안주하지 않는 소설가이다. 그는 남이 아닌, 스스로 ⬚
지금 이 시대에 필요한 소설가라고 말한다.

용한 문장을 통해 전형화 된 소설의 구성을 배반하는 등 기성

글을 통해서 동시대에 자신만의 족적을 남기는 사람이야 말로

글을 쓸 때 만큼은 정직하려고 합니다

서울시 마포구 연남동 프히베,
2020년 5월 22일 오후 4시

관습을 따르지 않는 것도 필요하다

대학에서 영화와 문예 창작을 공부했는데요, 소설가를 직업으로 선택한 이유가 있나요?

영화영상학과 특유의 고압적인 분위기가 저랑 맞지 않았습니다. 아마도 한국 영화계가 갖는 위계질서에서 오는 것들이겠죠. 영화영상학과에 입학할 때만 해도 영화업계에 몸담고자 다짐했는데 수업을 들으면 들을수록 한국 영화계가 구축한 시스템에 맞춰 영화를 만들 자신이 없더라고요. 저는 영화계가 요구하는 마초적인 성격도 아닐뿐더러 (서열 문화로 인해) 제가 생각한 것을 실현하기 위해 견뎌야 하는 과정도 이해할 수 없었습니다.

문학계는 본인의 성향과 잘 맞던가요?

그렇지도 않습니다. 지금 생각하면 어떤 분야에서 일했든 똑같은 생각을 했을 것 같아요. 그래도 소설가를 택한 게 저한테는 정말 좋은 선택이었습니다. 창작하려면 창작하는 도구를 자신의 손처럼 사용할 수 있어야 하는데, 영화 제작에 필요한 장비들은 아무리 사용해도 도저히 숙달되지 않더군요. 그런데 글과는 오래전부터 궁합이 잘 맞았어요. 시나리오도 잘 쓰는 편이었고요. 보통 영화 연출을 공부하는 사람들이 시나리오 쓰는 걸 어려워하고, 영상을 다듬거나 보고 분석하는 걸 더 좋아하는데 저는 그 반대였어요.

처음부터 소설가를 직업으로 인식하고 있었나요?

20대 중·후반에 글을 본격적으로 쓸 때는 소설가를 직업으로 인식하지 않았습니다. 중학생 때 아버지에게 소설가가 꿈이라고 말했는데, 아버지가 소설가는 직업이 아니니 글을 쓰고 싶거든 직업을 구한 다음에 쓰라고 하더군요. 당시엔 어렸으니까 그걸 그대로 받아들인 거죠. 그런데 제가 돌잡이 때 책을 집었고, 그 어린 나이에 부모님 서재를 그렇게 좋아했다고 해요. 그 정도로 책과는 연이 있던 거예요. 그러니 저와 조금이나마 잘 맞는, 좋아하는 글을 쓰는 소설가를 택한 겁니다.

지금도 소설가가 직업이 아니라고 생각하나요?

글을 쓰면서 소설가도 직업이 될 수 있다는 걸
깨달았습니다. 직업이니까 좋아하는 글만 쓰며 살 수
없다는 것도요. (웃음)

이야기는 경험에서 비롯한다고 생각합니다. 영화를 공부한 것이
분명 자신의 소설에 영향을 끼쳤을 것 같습니다.

저는 특정 장르에 얽매이는 사람이라기보다는 다양한
장르를 끌어들여와 제 소설에 복잡성을 주는 것을 즐기는
사람인데요. 그런 지점에서 영화를 공부한 건 분명
도움이 되었을 겁니다.
특별히 의식하지 않아도
소설의 구성을 신[1]
별로 한다든가, 몽타주[2]
기법으로 문장을 쓸 수
있게 된 것이죠. 이런 지점
때문에 제 소설이 종종
실험적인 접근으로 구성된
창작품으로 비치지만,

1   몇 개의 숏(shot)이
모여서 이룬 장면. 주인공이 거리를
걸어가는 장면을 촬영한다면, 그
장면을 여러 각도에서 몇 개의
숏으로 나누어 찍을 수 있지만 그
숏들은 전부 주인공이 걸어가는
신이다.

2   프랑스어로 '조립하는
것'을 뜻한다. 각각의 장면을
적절하게 이어 붙여 스토리가 있는
하나의 내용으로 만드는 기법.

저는 제 소설이 실험적 접근을 통해 구현한 특별한 이야기라고 생각하지 않습니다. 오히려 제가 지금 가장 잘할 수 있는 방법을 통해서 구현한 가장 저다운 표현 방법이죠.

2013년 단편소설 〈눈먼 부엉이〉로 《문학과 사회》 신인문학상에 당선되면서 등단[3]했습니다. 등단 이후 달라진 점이 있을까요?

등단했다고 해서 소설가가 되는 것도, 등단하지 않았다고 해서 소설가가 안 되는 것도 아니기에 크게 달라진 건 없습니다. 다만 글을 쓰는 작가에게 등단은 글을 통해서 경제 활동을 할 수 있도록 도움을 주는 역할을 합니다. 작가가 돈을 벌기 위해서는 여러 매체에 글을 써야 하는데요. 젊은 작가, 특히나 무명 작가에게 지면을 내어주는 출판사나 언론사는 거의 전무합니다. 그런데 등단하고 나면 어쨌든 문학계에서 주목하게 되니 자연스레 글을 쓸 기회가 주어져요. 이처럼 등단은 국가에서 인증하는 자격증은 아니지만, 작가의 글 수준을 보증하는 최소한의 자격인 셈입니다. 물론 그 수준이란 것도 문학계의 기준일 테지만…. 어쨌든 저도 그 수준에 부합했기에 잡지사에서 원고 청탁과

3   시인이나 소설가가 잡지에 작품을 발표하거나, 문학상을 수상하거나, 자신의 작품을 출판해서 문학계에 이름을 알리는 것을 뜻한다.

인터뷰 요청이 들어오는 것이겠고, 제가 쓴 소설이 출판사를 통해서 출간되는 것이겠죠. 그런데요, 삶이 드라마틱하게 확 바뀌었는가를 생각하면 꼭 그렇지도 않습니다. 한 해에 수십 명씩 등단하니 그 안에서 또 다시 치열한 경쟁을 해야 하거든요. 등단을 해도 몇 년간 원고 청탁이 없는 소설가도 많고요. 등단한 소설가들이 또다시 등단에 도전하는 것도 등단 이후의 삶이 녹록지 않기 때문일 겁니다.

여러 인터뷰나 저술을 통해 지금의 현실을 반영하는 소설이 아닌, 새로운 현실을 창작하는 소설이 필요하다고 여러 차례 언급한 바 있습니다. 하지만 앞서 한 질문처럼 문학은 결국 작가의 경험, 지금의 현실을 반영한 것 아닐까요?

일반적으로 문학을 인간에 대한 서사이며, 현실을 반영해야 한다는 틀에 박힌 어구로 정의하는데요, 여기엔 항상 오류가 존재합니다. 이를테면 특정 시대 인간의 삶만을 담아내야 현실의 반영일까요? 작가가 경험한 고전문학이나 예술 작품, 영화나 게임 등을 통해서도 지금의 현실을 이야기할 수 있지 않을까요? 저는 이 모든 게 분리된 것이 아닌 하나로 연결된 동일한 현실처럼 보이거든요. 그리고 저는 제 삶에 영향을 끼친 문학과 영화, 그리고 작가와 예술작품을 빌려서 현실을 창작하는 것에 관심을 두고 있는 작가 중 한 명입니다. 이는 제가 만들어 낸 새로운 현실인 동시에 제가 경험한 것이기에 실재하는 현실이죠. 즉, 제가 생각하는 현실이란 글을 쓴 작가가 향유하는 모든 것들이 그물망처럼 연결된 네트워크 같은 거예요.

결국, 현실을 어떤 관점으로 재현하는가에 대한 문제군요.

"예술은 현실의 반영이 아니다. 반영이라는 현실이다 (Art is not the reflection of reality, but the reality of reflection)." 영화감독 장뤼크 고다르[4]가 한 말입니다. 저는 이 표현이 방금 질문의 가장 좋은 답이라고 생각합니다. (잠시 생각에 잠기며) 인터뷰 시작부터 너무 어려운 주제를 이야기하는 것 같네요. 사실 이 문제는 책 한 권으로도 부족할 정도로 복잡한 내용이기에 좀처럼 쉽게 이야기할 수 없거든요. 하지만 제가 소설을 쓰는 데 있어서 가장 중요한 개념이기 때문에 반드시 짚고 넘어가야 할 부분이기도 합니다. 제가 이 부분을 정말 자주 언급하는데요. 온전히 전달하기가 쉽지 않은 것 같아요. 이 지점 때문에 평론가에게 여러 질타를 받았거든요. (웃음)

4   1930년 출생한 프랑스의 영화감독. 〈네 멋대로 해라〉로 데뷔했으며, 1960년대 프랑스 영화 운동인 '누벨바그'를 이끌었던 대표 인물 중 하나다.

그중에서도 유독 이해할 수 없는 비판이 하나 있습니다. "정지돈의 소설은 현실을 반영하고 있지 않다. 현실 참여도, 리얼리즘도 부재한다. 문학을 위한 문학일 뿐이다"라는 비판입니다. 이 평가는 문학계에 오래된 레토릭(rhetoric)[5]에서 기인해요. '문학은 인간에 대한 것이어야 한다', '현실을 반영한다', '세계의 심연을 드러낸다' 같은 평론가나 작가, 독자들이 빈번하게 쓰는 어구들로 문학을 정의하는 것이죠. 여기엔 휴머니즘, 리얼리즘, 본질주의, 문학 근본주의 같은 이데올로기가 깔려 있고요. 한데 제 소설은 제가 경험한, 저의 현실이 온전히 반영된 소설이기에 인간에 대한 것이고 현실을 충분히 반영하거든요. 그래서 이런 비판은 제 입장에서는 좀 황당합니다.

취재를 통한 글쓰기 방식을 지양하는 건가요?

저는 소설을 쓸 때 특정한 주제를 완벽하게 파고드는 취재형 작가는 아닙니다. 물론 제가 하고자 하는 것에 대해 아는 것은 중요한데요. 아는 것만큼 거리감도 중요한 것이죠. 특정 카페를 테마로 글을 쓴다고 해도 그 카페의 사장이나 바리스타를

5   화려한 문체나 과장되게 꾸민 미사여구 또는 의미 전달에 효과적인 문장과 어휘를 사용해 설득 효과를 높이려는 표현 방법.

인터뷰하지 않아요. 오히려 원거리 취재를 하죠. 카페를
배경으로 기술한 소설이나 카페와 관련한 내용을 담은
인문학, 역사책을 통해서 현시대의 카페를 재조명하는
것이에요. 그것이 제 취재 방식이죠. 거리가 가까워지면
저도 모르게 전통적인 소설이나 시대상을 품은 이야기에
갇혀버리거든요.

소설에 어떤 신념을 담으려하나요?

복잡성. 오해의 여지가 많은 이야기가 좋습니다.
사실 우리의 삶이 전부 복잡하잖아요. 단순성도 물론
중요하지만 단순성으로 가기 위해서는 과학과 예술,
철학 같은 더 복잡한 이야기를 해결해야만 갈 수 있다고
믿거든요. 단순해 보이는 현상 아래에는 늘 다층적인
레이어가 존재합니다. 즉, 소설도 삶처럼 레이어로
가득했으면 좋겠습니다. 고정된 캐릭터를 통해서 하나의
이야기에 집중하기보다는 다층적으로 분석이 되는
캐릭터를 통해서 그 사람이 어떤 사람이라는 걸 계속해서
고민하게 하는 게 제
방식이에요. 〈건축이냐
혁명이냐〉[6]를 보면,
1966년에 서울 시장으로
취임한 김현옥이란 인물을

6   정지돈의 단편소설로
2015년 제6회 '젊은 작가상'
대상 수상작. 대한제국의 마지막
황세손이자 근대건축가인 '이구'라는
실존 인물의 일화를 모아 전하는
형식으로 화제를 모았다.

다루는데요, 저는 김현옥 시장이 진행한 도시 개발 프로젝트를 비판하거나 지지하는 편에 서기보다 양쪽의 시선을 굉장히 다층적으로 담기 위해 노력했거든요. 이런 것이 제가 소설을 쓰는 데 중요합니다.

지금 시대를 이야기해야 한다는 의무감은 없을까요?

저는 오히려 지금 시대를 사는 시민으로서 지금 시대를 실시간으로 담는 것이 과연 가능한 것인가에 대해 생각을 해요. 시대라는 것 자체가 사실은 균일하지 않고, 사는 지역에 따라서 지금 현재를 바라보는 시각이 다를 테니까요. 저는 계속 언급하지만 역사에 관심이 많고, 책을 좋아하는데요. 가끔은 과거의 시대가 오히려 지금을 더 잘 보여주는 것 같거든요. 그러니까 20세기적인 사고가 동시대를 바라보는 데 더 중요할 수도 있는 것이죠. 그리고 그것이야말로 작가가 할 수 있는 일인 것 같습니다. 그런 면에서 오히려 다양한 시대를 생각하고 그 특정 시대정신을 통해서 지금 시대의 해법을 모색하기 위해 노력하고 있습니다.

생각이 옳다면 끝까지 밀어붙여야 한다

소설가에게 필요한 자질은 무엇일까요?

제가 좋아하는 소설가는 예상하지 못한 전개와 문장으로 아름다움을 보여주는 글을 쓰는 사람입니다. 그런 면에서 소설가에게 중요한 건 우연성과 즉흥성을 어떻게 끌어안느냐의 문제이기도 합니다. 작가가 글을 쓰다보면 자신도 모르게 공식처럼 습관화된 이야기 전개 방식에 사로잡히기 쉬운데, 그 공식을 무너뜨리는 문장을 보는 순간에 느껴지는 저릿한 쾌감이 좋습니다. 《이민자들》, 《토성의 고리》를 쓴 독일 작가 W.G. 제발트[7]나 《야만스러운 탐정들》과 《2666》을 쓴 칠레 작가 로베르토 볼라뇨[8]의 소설을 읽을 때 그런 느낌을 받곤 해요.

역사와 예술 등 방대한 지식을 잘 섞어 실재와 허구의 경계를
허무는 특유의 글쓰기가 어쩌면 좋은 문장을 만들기 위한
장치일수도 있겠군요.

어떤 대사나 예술 작품을 기억해두었다가, 특정 문장에
장치로 활용하겠다는 계획을 세우기보다는 즉흥성에
기대는 편입니다. 예상치 못한 순간에 제 감정으로
들어오는 어떤 것들을 문장으로 표현하려고 노력하는
유형의 사람이거든요.

이러한 글쓰기 방식은 언제든 소설을
집필할 수 있다는 확신이 있기에
가능한 것처럼 보입니다.

확신이기보다는 소설을
쓸 수 있다는 착각에서
기인합니다. 젊은 작가에게
글을 잘 쓴다는 착각이
없다면 아마도 소설을
완결할 수 없을 거예요.
특정 문장과 단락, 단어에
연연하다 허송세월하고
말겠죠. 그런데요, 모든

7　　　　1944년생 독일의
대학교수이자 작가. 1988년 이스트
앵그리어 대학교의 정교수로
취임했고 같은 해, 첫 시집인
《자연을 따라. 기초시》를 발표하며
본격적으로 작가의 길을 걸었다.
《현기증.감정》을 비롯한 산문집과
《이민자들》, 《토성의 고리》를
잇달아 출간하며 각종 문학상을
수상했다.

8　　　　1953년 칠레
산티아고 출신의 소설가. 1998년
발표한 《야만스러운 탐정들》로
로물로 가예고스 상을 수상하며
라틴 아메리카의 대표 작가로
자리매김했다. 자전적 색채를 가진
문학적 탐정 소설에 정치 현실을
교묘하게 끼워 넣는 작품으로
유명하다.

소설가가 글을 잘 쓰는 건 아닙니다. 글을 잘 쓴다고 해서 소설가로 인정받는 것도 아니고요. 사랑받는 소설가들은 잘 썼기 때문에 사랑받는다기 보다 완결된 글에서 오는 특정 요소들, 어쩌면 부족한 지점들 때문에 대중에게 사랑받는 것 같기도 합니다. 그러니 조금은 무모해 보여도 제가 잘할 수 있는 표현을 끊임없이 찾아가며 저만의 색깔을 소설에 담기 위해 노력하는 것이죠. 누군가가 제 문장을 보고 이것이 좋은 문장이냐고 물으면, 저는 그렇다고 말할 수밖에 없는 거예요. 저는 그렇게 착각하며 살고 있으니까요. 물음에 대한 예시가 될지는 모르겠지만, 제가 초등학교 5학년 때 처음으로 소설을 썼거든요. 당시 즐겨 읽던 추리소설의 형식을 따온 모험소설을 썼는데, 학급 친구들의 특징을 반영한 인물을 소설에 등장시킨 덕분에 꽤 인기를 끌었던 기억이 있어요. 어쩌면 저는 그때부터 글을 잘 쓴다는 착각에 빠져 살았을지도 모르겠네요.

즉흥성과 착각만으로 소설을 완결할 수 있을까요?

불가능하죠. 글을 쓰다가 이렇게 살다가 죽겠다 싶어 포기한 적도 많아요. 그렇다고 멈춘다면, 아마 영원히 좋은 소설을 쓸 수 없겠죠. 완성한 소설보다 버린 소설이 더 많기도 합니다. 하지만 그렇게 쓰다 보면

정지돈, 《영화와 시》 '거울이 다른
거울을 들여다보면' 중, p.47

나는 명절이 되면 책장 앞에
앉아 꼼짝도 하지 않는 점잔
빼는 아이였고 어른들은
책에 빠진 나를 기특하게
바라봤다. 가장 좋아했던
책은 컬러 도판이 가득한
백과사전이었는데 일반적인
종류의 사전은 아니었다.
세계의 기이하고 신비한
불가사의들, 《선데이 서울》
같은 주간지에 있을법한
미심쩍은 탐사보도로 페이지를
채운 책으로 당시에는 그런
책이 많았다.

지금은 대부분 유튜브로
자리를 옮겨 많은 사람들이
지구를 평평하다고 믿는 데
영향을 끼치지만 말이다.
아무튼 나는 큰아버지의
책장을 통해 버뮤다
삼각지대와 네스호의 괴물,
스톤헨지와 접속했고 이
이야기들이 추리와 판타지
문학에 빠지는 바탕이 되었다.

글을 쓸 때 만큼은 정직하려고 합니다

어느 순간에 제 예상과는 전혀 다른 전개의 완결된
소설이 탄생합니다. 재미있는 건 그 안에서 저도 몰랐던
제가 하고 싶었던 이야기를 찾게 된다는 점이에요.
〈건축이냐 혁명이냐〉가 딱 그랬어요. 사실 이 소설을 처음
쓸 때는 전체 틀을 구성했습니다. 그러다 보니 역시나
재미가 없어요. 그냥 무난한 전개가 나오더라고요. 해서
다시 처음으로 돌아가 문장을 써내려갔습니다. 안 되면
그냥 펑크 내자는 마음으로 썼던 것 같아요. 그랬더니
놀랍게도 앞과 뒤의 문장이 자연스레 연결되는 거예요.
그 순간엔 이게 어떻게 가능하지 싶었는데, 생각해보면
그간 제가 경험한 무수한 실패를 통해서 이야기를
풀어나갈 수 있는 공력이 생긴 것이죠.

그렇게 쓰면 결국에는 체력적인 한계점에 도달하지 않나요?

생활 패턴이 무너지죠. 저는 자기의 생활을 완벽하게
장악한 다음에 정해진 시간에 규칙적으로 글을 쓰는
게 잘 안 되는 사람 같아요. 오히려 그걸 지키는 것이
더 힘들고요. 그러니 그냥 제가 할 수 있는 방식의 글을
쓰기로 선택한 것이죠. 한편으론 의도적으로 규칙성을
배제하기도 합니다. 작가가 사는 방식이 글의 형식에도
영향을 준다고 생각하는데, 규칙적인 삶을 영위하는
작가의 글에 끌리지는 않거든요. 가령 필립 로스[9]의

글이 그래요. 그가 "영감을 찾는 사람은 아마추어이고, 우리는 그냥 일어나서 일을 하러 간다(Amateurs wait for inspiration; the rest of us just go to work)"라는 말을 남겼듯 그의 소설은 너무 훌륭하지만 제게는 정말 딱 일어나서 매일 쓴 글 같거든요.

거짓 없이 솔직한 사람 같습니다. 남을 비판하는 것에 두려움도 없어 보이고요.

소설가로서 글을 쓰는 순간만큼은 최대한 정직하려고 합니다. 하지만 그 모습이 저를 대변하지는 않아요. 저는 글을 쓰는 소설가의 자아가 따로 존재한다고 믿거든요. 예컨대 자비에 돌란[10]의 영화를 보면서 "이 감독은 더는 영화를 만들면 안 되는 사람이야"라고 욕을 하다가도 어느 순간에는 돌란의 영화를 극찬할 수 있듯이, 글을 쓸 때의 생각도 충분히 변할 수 있다고 생각해요. 그땐 분명 이랬는데 지나고 보니 또 다른 거예요. 그럴 때마다 '내가 잘못

9   1933년 미국 뉴저지 출생의 소설가. 1959년, 유대계 미국인들의 고뇌를 담은 《굿바이 콜럼버스》를 발표하며 데뷔했고, 해당 작품으로 이듬해 전미도서상을 수상하며 이름을 알렸다.

10   1989년 퀘벡 출신의 캐나다 영화배우이자 감독. 2009년 장편 영화 〈아이 킬드 마이 마더〉를 통해 감독으로 데뷔했고, 2016년 〈단지 세상의 끝〉으로 칸 영화제 심사위원상을 수상했다.

정우영, '2016 MEN OF THE YEAR
#정지돈' 중 («지큐 코리아(GQ Korea)»
2016년 12월호)

어떻게 보면 저는 작곡가가 아니에요.
악보 없는 연주지만 프리재즈도
아니죠. 디제이랄까요. 원래 있는
곡과 소리를 배합해서 만들어요.
원문이 가지고 있던 배치를 어기면
인용이 아니라 자신의 말이 된다고
생각해요. 고다르에게 누군가가 당신
영화의 어떤 대사가 표절 아니냐고
물은 적이 있어요. 고다르는 잘
기억나지 않고, 내가 내 영혼 속에서
했으면 그건 내 말이라고 답하죠.

생각했구나' 같은 생각을 하는 것이죠. 사람의 감정이 언제든 변할지 알기 때문에 글을 쓰다 보면 평소에 할 수 없던 표현이 가감 없이 나오기도 하고, 반대로 같은 이유로 더 신중하고 조심하게 되는 것 같습니다. 거짓 없이 솔직하게 보이는 건 당시의 마음을 최대한 진솔하게 담으려는 제 노력 때문일 겁니다.

순간의 감정에 휘둘려 글을 쓰다가 후회할 상황이 생기진 않나요?

제가 2017년에 금정연 작가와 함께 쓴 비평 에세이 《문학의 기쁨》[11]에서 현재 한국 문학계에 대한 비판을 좀 했거든요. 물론 무조건적인 비판은 아니었습니다. 애정이 담긴 장난스러운 어투의 비판이었어요. 그런데 어느 작가가 제 글을 읽고 "정지돈과는 모든 연을 끊겠다. 내 눈에 띄면 가만두지 않겠다"고 역정을 냈다는 걸 알고부터는 한번 더 곱씹어보고 이야기를 하는 편입니다. 저 또한 창작자이다 보니 (누군가에게) 비판을 들으면 기분이 좋지 않거든요.

하지만 제가 말할 수 있는 지점이 존재한다고 생각해요. 물론 이는 고정되어 있지 않고 변하는 거라고

> [11] 서평가 금정연과 소설가 정지돈이 한국문학을 주제로 나눈 대화가 바탕이 된 평론집. 2017년 출간되었다. '새로운 문학은 가능한가', '한국문학은 가능한가' 등 2015년부터 2019년까지 2년 동안 두 사람이 만나 함께 나눈 여덟 편의 대화가 실려 있다.

생각합니다. 그래서 어떤 작품이나 작가, 어떤 대상을
비판할 때는 그 비판의 맥락에 대해 여러 번 고민하는
편입니다. 단지 이 작품이 내가 봤을 땐 좋지 않기 때문에
비판한다는 태도는 나이브한 것 같아요.

문학계가 유독 비평에 민감하게 반응하는 것도 같습니다.

영화계와 달리 문학계는 시장 규모가 굉장히
협소하잖아요. 보통 소설가가 책을 내면 제대로 읽을
사람이 500명에서 1000명 사이일텐데 그걸 비평해서
서로 좋아지는 게 뭐가 있겠어요. 어차피 극소수가 자기가
좋아서 읽는 걸 쫓아가서 발 거는 짓을 할 필요가 없죠.
게다가 문학계에서 하는 비평이란 게 뻔하거든요. 많은
비평이 앞서 언급한 레토릭에 사로잡혀 있어요. 그런
비평은 시효가 다 되었다고 생각합니다. 다른 방식으로
논의되어야 해요. 그래서 비교적 젊은 작가들이 오히려
한발 더 나아가서 비판하고 새로운 문제의식을 제기해야
한다고 생각합니다. 전과는 다른 시각으로 문학장[12]을
바라 봐야 해요. 최근 몇 년 사이에 일어나고 있는
문학계의 변화나 논쟁,
담론들은 그런 의미에서
흥미롭습니다.

12   문학작품의 생산과
변화가 이루어지는 헤게모니 투쟁의
공간으로 프랑스 사회학자 피에르
부르디외가 제시한 개념.

소설가는 아마추어와 프로 사이에 존재하는 사람이다

좋아하는 일이 직업이 되었습니다.

> 매번 일에 대해 투덜거리지만, 지금 아주 행복합니다.
> 좋아하는 것과 잘하는 것이 일치하지 않는 경우가
> 많잖아요? 그런데 저는 좋아하는 것과 제가 잘하는 게
> 일치하니 다행입니다. 잘할 자신만 있다면 좋아하는 일을
> 하는 게 좋죠. 물론 잘할 수 있다는 생각은 어느 정도
> 착각에서 기인하지만요.

북큐레이터로도 활동하고 있어요. 소설가로서 북큐레이터 일을
하는 이유가 궁금합니다.

지극히 현실적인 이유에서 시작했습니다. 제가 몸을 괴롭히며 글을 쓰는 유형이다 보니, 원고 청탁 일을 줄여야 오랫동안 소설가로 활동할 수 있겠더라고요. 한데 청탁을 받지 않으면 수익이 줄어드니 생활이 어렵잖아요. 건강과 생활을 모두 지키려면 안정적인 직업을 구해야 했고, 소설가의 일에 도움이 되는 북큐레이터를 택했어요. 현재는 라이프북스[13]에서 북큐레이션을 맡고 있습니다.

북큐레이션을 내세운 중형 서점은 지나치게 제한된 취향을 내세우는 것도 같습니다. 구매하려던 책이 없는 경우가 많아요.

좋아하는 책을 이미 잘 알고 있는 사람에게는 북큐레이션을 내세운 서점이 매력적이지 않을 수밖에 없습니다. 저도 책을 살 때 대형 온라인 서점을 이용할 때가 대부분이거든요. 필요한 책이 무엇인지 명확히 알고 있기 때문에 누군가가 대신 선별한 책을 구매할 필요가 없어요.

그렇다면 북큐레이션을 내세운 서점의 강점은 무엇인가요?

한국에는 아직도 자신이 어떤 책을 읽어야 할지

13   서울 강남구 논현동에 있는 큐레이션 서점. 가구 디자인 회사 '비아인키노'가 운영한다.

모르는 사람들이 정말 많습니다. 책을 읽고 싶은데 도대체 누구의 어떤 책을 읽어야 할지 모를 때 대형 서점에 가면 막막하거든요. 공간은 넓은데 책은 또 많으니까 어디에 가서 무엇을 사야 할지 잘 몰라요. 결국 눈에 가장 잘 보이는 베스트셀러 코너에서 책을 집어올 수밖에 없는 시스템이죠. 대형 서점이 독자들에게 얼마나 많은 책을 소개하는가에 초점을 둔다면, 중형 서점은 독자들에게 어떻게 책을 고르는가에 대한 방법을 알려주는 데 초점을 두는 것 같습니다.

책을 선정하는 북큐레이터의 미션은 무엇인가요?

제가 책을 선정할 때 우선 중요하게 여기는 건 균형입니다. 특정 장르나 자신의 취향을 앞세우기보다는 다양한 영역 안에서 좋은 책을 선별해요. 이건 아마도 모든 북큐레이터의 공동 미션일 겁니다. 제 개인적인 미션을 덧붙이면, 누군가 소개하지 않으면 절대 소비되지 않을 외국 문학을 알리는 일입니다. 대부분 작은 출판사에서 나오는 책들이에요. 이런 책들은 유통이 워낙 어렵고, 책에 대한 설명도 쉽게 찾을 수 없으니 발굴하는 사람이 없으면 한국 독자들에게까지 전달이 안 돼요. 저는 이런 책들을 발굴해서 균형 잡힌 책 사이사이에 진열하고 있습니다.

국내에서 북큐레이션으로 좋은 평가를 받는 중형 서점의 특징은
'라이프스타일 숍'을 지향한다는 점입니다. 대부분 책을 판매하는
동시에 라이프스타일 제품을 팔거나 카페를 운영합니다.

저는 소설가이지만 출판사에서 홍보 마케터로 일한 바
있습니다. 스틸북스[14]와 라이프북스 등 북큐레이션을
앞세우는 서점에서 큐레이터로 활동했거나 하고
있고요. 이 질문은 사실 굉장히 중요합니다. 일단 먼저
북큐레이션이 왜 시작되었는지를 인지해야 합니다.
대형 서점에 대한 반발심입니다. 대형 서점에 가면
정말 많은 서적이 있음에도 눈에 보이는 공간에 놓인
책들은 전부 광고거든요. 일반 독자들은 그걸 모르니
광고에 이끌려서 책을 읽고, 그런 책이 좋은 책이라고
생각하는 거예요. 그리고 지금처럼 중형 서점이 생기기
전에는 북큐레이션 개념 자체가 희미했습니다. 왜냐하면
대학교 사회과학 전문 서점이 아닌 이상, 도서 총판(도매
서점)에서 일괄적으로 책을 공급하거든요. 그러니까
작은 서점에서 책을 일일이 고를 수가 없었어요. 이런
시스템에서 북큐레이션을 하는 서점의 등장은 한국에선
완전히 새로운 도전입니다. 그런데 문제는 중형 서점의
운영이 어렵다는 점입니다.
그 이유는 앞서 언급한
것처럼 이미 책을 좋아하는

14   서울 용산구 한남동에
위치한 서점. '관점이 있는
중형서점'을 지향한다.

정지돈 외, 문학동네 2015년 제6회
《젊은작가상 수상작품집》, ⟨건축이냐
혁명이냐⟩ 작가노트 중, p.56

소설을 쓸 때 가장 중요한 물음은
정직한가와 즐거운가이다. 그러나
늘 즐거울 순 없고 그것은 어찌
보면 다행인지도 모른다. 그러나
늘 정직하지 못했다면 그것은
불행이지만 어쩔 수 없는 일이다.
진실함은 진실함이 아니라
진실함으로 나아가는 과정이라고
이성복은 말했다. 그는 또 허구로서의
진실이 우리로 하여금 자신을
보호하고 삶을 기획하게 한다고도
말했다. 시험 때 만화를 보면 더
괴롭다. 그럼 공부할 수밖에 없다.

사람들, 이른바 고급 독자들은 북큐레이션을 원하지 않고 초심자들은 접근성이 좋은 대형 서점 위주로 찾거나 구매 빈도가 아주 낮습니다. 그래서 어쩔 수 없이 북토크나 편집 매장 등 플랫폼이나 일종의 허브 역할을 모색할 수밖에 없습니다.

작금의 상황에서 소설가와 북큐레이터의 역할은 무엇인가요?

쉽지 않은 질문이네요. 일단 소설가로서 제 입장은 시류에 흔들리지 않고 제가 좋아하는 방향의 글을 열심히 쓰는 것이라고 생각해요. 이렇게 쓴 소설이 얼마나 팔리는지는 사실 그렇게 중요하지 않아요. 세상에 나 혼자 좋아하는 글은 존재하지 않는다고 믿거든요. 그렇다면 분명 누군가는 제 글을 좋아한다는 이야기일 테니까요. 저는 지금도 소설가는 아마추어와 프로 사이에 존재하는 사람이라고 생각합니다. 소설가가 직업이 될 순 있지만, 여전히 경제적으로 상업성을 추구하는 프로가 될 수 있을지 의문입니다. 어차피 그렇다면 제가 쓸 수 있는 글을 쓰는 게 저의 역할인 것이죠. 북큐레이터로서는 일반 독자가 어렵다고 느끼는 책을 읽도록 만들 수 있다면 어떨까 하는 생각을 합니다. 서점에서 일하는데 그런 광경을 본 적이 있습니다. 두껍고 무거운 책을 본 독자가 책을 펼치기도 전에 무섭다고 말하더군요.

저는 그때 책이 누군가에게 무섭게 보인다는 걸 처음 알았어요.

요즘 당신을 사로잡은 화두가 있나요?

리얼리즘, 모더니즘, 포스트모더니즘 이후의 사고방식입니다. 제가 볼 땐 이후 다양한 실험들이 한계에 부딪힌 것 같거든요. 저는 이후의 예술적 실천을 어떻게 할 수 있을까를 고민하고 있습니다. 지금까지 미학과 예술에 얽매여 있었다면, 지금은 과학이나 사회학 관련 책을 열심히 읽어요. 그걸 많이 읽고 해석할수록 전통에서 벗어나 새로운 것을 할 수 있지 않을까 싶어요. 그리고 그걸 할 수 있는 시기가 온 것 같고요.

앞으로 남은 시간은 분명 소설가의 또 다른 자산일 수도 있습니다. 몇 권의 책을 더 쓸 수 있고, 그게 어떻게 자신을 대변할지에 대해 고민하나요?

저는 제 미래에 대해서는 잘 생각하지 않는 것 같아요. 특별한 이유가 있기보다 미래를 생각하면 답이 없기에 오히려 무섭거든요. 일종의 낙관주의자일 수도 있겠네요. 이런 말이 어떻게 들릴지는 모르겠지만, 저는 롤모델이 없어요. 소설가로서 이렇게 하면 살 수 있구나 같은 걸 느끼게 해준 사람이 없습니다. 결국 제가 선택해서 나아가야 해요. 그렇지 않으면 자꾸 힘들어지거든요. 답이 없기 때문에 그저 주어진 상황에서 무언가 끊임없이 만들기 위해 노력하는 것 같습니다. 엉망진창인 타임라인 속에서 저만의 규칙성을 찾기 위해 매번 시도합니다.

마지막으로 질문하면, 매일 아침에 일어나서 가장 먼저 하는 일은 무엇인가요?

침대에 누워서 트위터와 인스타그램, 웹서핑을 합니다. 기억력에 안 좋다는 이야기가 있어서 자제하려고 해봤지만 굳이 그럴 필요가 있나 싶어서 계속하고 있어요. (웃음) …스마트폰과 SNS를 많이 하면 그에 맞는 방식으로 기억과 뇌를 쓸 수 있는 방법을 찾게 되지 않을까 생각합니다. 여담이지만 전 축구 감독인 알렉스 퍼거슨[15]의 유명한 말인 "SNS는 인생의 낭비다"에 대한 제 의견은 다음과 같습니다. "인생에는 낭비가 필요하다. 저축은 금융자본주의의 기만적인 책략이다."

---

15   1948년 영국 스코틀랜드 출신의 전 축구감독.

정지돈, 《영화와 시》 '무의미의 제국' 중,
p.119

분명히 서로의 글을 훔치고 베꼈다.
그들 이전에 그리스인들은 새로운
이야기를 만들어내는 데 조금도
개의치 않았다. 나는 창조성이라는
이데올로기가 부르주아지가
화려하게 떠오르면서 자본주의적
도서 시장을 만들었을 때 시작되지
않았나 생각한다. 오늘날 작가는
저작권, 즉 말에 대한 소유권을
팔아서 생계를 유지해나간다. 우리
작가들은 돈을 벌어야 하기 때문에
모두 이 같은 사기를 한다. 그러나
대개가 이것이 사기라는 사실을
인정하지 않는다. 아무도 진정
아무것도 소유하지 않는다.

정지돈은 1983년 대구에서 태어나 동국대학교에서 영화와 문예 창작을 공부했다. 2013년에 쓴 단편소설 ‹눈먼 부엉이›가 《문학과 사회》의 신인문학상에 당선되면서 등단했다. ‹건축이냐 혁명이냐›로 2015년 젊은작가상 대상, 《창백한 말》로 2016년 문지문학상을 수상했다.

—

그는 스스로를 '후장사실주의자'라고 부르는데 이는 기성 문단을 격렬히 비판한 칠레 작가 로베르토 볼라뇨의 소설 《야만스러운 탐정들》에 나오는 '내장(內裝)사실주의'의 패러디로, 한국 문단의 오래된 레토릭에 따르지 않고, 특정한 형식 없이 자유롭게 표현하는 형식 파괴자를 자처하는 표현이다.

—

소설집 《내가 싸우듯이》, 《우리는 다른 사람들의 기억에서 살 것이다》 문학평론집 《문학의 기쁨》(공저), 소설 《작은 겁쟁이 겁쟁이 새로운 파티》, 《야간 경비원의 일기》 등을 통해서 혁명적이고 유희적인 글쓰기를 선보이고 있다.

정지돈
Jidon Jeong

"

역사책이든 잡지든 장르와 상관없이 문장으로 이루어진
글이 좀 더 감흥을 주는 것 같아요. 상상할 수 있는
여지를 남기거든요. 일기처럼 매일매일 기록하진
못하는데, 책의 글귀에는 항상 밑줄을 칩니다. 지금도
종종 다 읽은 책을 펼치고 밑줄 그은 부분 중 중요한
부분을 노트북에 옮겨 적는 걸 반복하고 있어요.
그런 글들이 모여서 새로운 영감을 줘요. 사실 이건
소설을 쓰기 위해서라기보다 좋아서 한 일인데
어느 순간 쌓이게 되고, 그걸 또 다시 보다 보니
소설을 쓰는 데 도움이 되었어요.

"

Mieko
Kawakami

가와카미 미에코

Tokyo

07

가와카미 미에코는 일본의 시인이자 소설가이다. 여성의 몸과 ㅁ
받으며 소설가로 데뷔한 그는 '가수 출신 작가'라는 언론의 관심을
각의 소설이 지향하는 '좋음'이 있으며, 소설가는 이 사회에 꼭 ㅆ

관계, 정체성을 다룬 작품 «젖과 알»로 제138회 아쿠타가와상을

고, 꾸준히 사회 문제에 집중한 작품을 발표하고 있다. 그는 각

하는 이야기에 관심을 가져야 한다고 강조한다.

세상에는 아직도 써야만 하는 이야기가 있습니다

이메일 인터뷰,
2020년 5월 23일

뮤지션에서 소설가로 업을 바꾸다

최근에 어떤 작업을 진행 중인지 궁금합니다.

> 얼마 전 소설 《여름 이야기(夏物語)》의 영문판이
> 미국에서 발행되었어요. 해외에서 새로운 작품에 관련된
> 인터뷰나 시사 문제에 관한 기고 의뢰가 연이어 들어오고
> 있어서 하나씩 처리하는 데 쫓기고 있어요. 내년
> 여름까지 장편소설 마감이 두 건 잡혀 있는 터라 빨리
> 착수하지 않으면 안 되는 상황입니다. 아이는 아이대로
> 아직 손이 많이 가는 때다 보니 꽤 바쁘게 지내요.

여전히 바삐 지내는군요. 2007년 소설가로 데뷔한 뒤로 수많은
소설과 시, 에세이를 집필하고 문예지의 책임 편집을 맡는 등

다양한 영역에서 거의 쉼 없이 활동하고 있어요.

왜 그렇게까지 일을 많이 하느냐는 질문을 가끔 받아요.
"정말? 내가?" 하고 솔직히 와닿지는 않았는데, 그동안
발표한 작품 목록을 훑어보다가 놀라기는 했어요.
2012년에 아이를 낳은 이후로 지난 8년간 책을 열 권
정도 냈더군요. 지금보다 살짝이나마 천천히, 여유롭게
시간을 보내도 좋지 않을까 하는 생각이 들면서도…
일하는 게 천성 같기도 해요. 지금 기억을 그대로 가진 채
과거로 돌아간다고 해도 분명 비슷한 속도로 일하고 있을
거예요.

이렇게까지 당신을 움직이게 하는 동력은 어디에서 오나요?

이유는 모르겠지만 언제나 힘이 넘치는 편입니다. 그게
무엇이든, 얼마나 작은 일이든, 글쓰기에 관해서는
전력을 다하려는 게 몸속 깊이 배어 있어요. 하지만 종종
낮잠을 자기도 하고, 외근이 있을 땐 겸사겸사 백화점을
어슬렁거리기도 합니다. 일에 관해서는 완벽주의자에
가깝다고 생각하는데, 인간적으로 보면 기분파거든요.
게다가 제 주변에는 일에 더 미쳐 있는 사람이 많아요.
그들을 보며 '나는 일을 많이 하는 것도 아니구나' 하고
진지하게 생각할 때도 있어요. '더, 더 말이야. 너도 더

열심히 좀 해!' 하고 스스로를 채찍질하며 일하다가
모자라다 싶으면 다시 채찍질하기를 반복합니다. (웃음)

2020년 5월, 《뉴욕타임스》를 통해 신작 〈골든 슬럼버(Golden
Slumbers)〉를 발표했습니다. 《뉴욕타임스》와의 인연은 어떻게
시작되었나요?

올해 3월이었을 거예요. 아마도 관계자가 영문판으로
발행된 제 소설 《젖과 알》을 읽은 게 아닐까 해요.
2020년도 기고자로서 글을 써줄 수 있겠냐는 연락이
왔습니다. 《뉴욕타임스》가 제안한 주제가 '위기와
예술'이었어요. 코로나19가 급속도로 퍼지면서 큰 문제가
되기 시작할 즈음이었죠. 칼럼이 좋을까 픽션이 좋을까
살짝 망설였는데, 이야기를 쓰는 쪽을 택했어요. 소설의
무대는 결혼식, 참석한 전원이 예술가라는 설정의 짧은
소설입니다.

어떤 내용인지 좀 더 설명을 부탁해도 될까요?

글을 쓴 본인이 "이건 이런 소설입니다" 하고 말하기가
조금 멋쩍기는 한데요. 코로나19 감염 확대에 전 세계가
공포에 떨고 있던 2020년 3월 말, 일본에서 찍힌
한 장의 사진에서 영감을 받았습니다. 벚꽃 명소에

세상에는 아직도 써야만 하는 이야기가 있습니다

모여드는, 보는 각도에 따라서는 환각 같기도 한, 마치 사진 속 모두가 집단 최면에라도 걸린 것 같은, 황홀과 불안이 뒤엉켜 있는 인상적인 사진이었죠. 그 이미지와 함께 가부장제와 동조 압력[1]이 종교처럼 기능하는 일본에서 위기에 직면한다는 건 어떤 의미일까 하는 생각이 〈골든 슬럼버〉라는 이야기로 완성되었습니다. 다행히 《뉴욕타임스》 편집부에서도 소설이 마음에 드는 모양이더라고요. 시적 표현이 좋았다거나, 많은 걸 돌이켜보게 된다는 등 SNS와 홈페이지를 통해 감상을 보내주는 독자도 많았습니다.

한때 뮤지션으로 활동한 경력이 있습니다. 같은 창작이라고 해도 소리와 글자라는 의미에서는 매우 다른 세계가 아닐까 추측해봅니다. 2009년에는 배우로서 영화에 출연해서 신인여우상을 수상하기도 했고요. 직업적으로 경험이 많은 만큼 소설을 어떻게 정의하는지 궁금합니다.

스스로가 다양한 표현의 형태를 경험했다고 생각하지는 않아요. 다만, 음악이나 연기와는 다르게 소설은 어디까지나 혼자서 임하는 작업이라는 점이 매우 마음에 들어요. 소설을 쓰면서

1   peer pressure. 직장 등 어느 특정의 또래집단에서 의사 결정할 때, 암묵 중에 소수의견을 가진 사람이 다수의견에 맞추기를 강제하는 것.

언제나 메시지, 오피니언과 픽션 사이의 관계와 거리를
고민하지만, 결국 소설은 어디까지나 자유로워야
한다고 생각해요. 강한 메시지를 가진 소설, 전혀 그렇지
않은 소설, 지극히 개인적인 세계를 그려낸 소설, 방대한
역사를 이야기하는 소설, 기본적으로는 어떤 소설이든
좋습니다. 여기에서 말하는 '좋다'라는 건 "누군가가
마음 가는 대로 적은 글을 다른 누군가가 마음 가는 대로
읽는 것, 그 이상도 이하도 아니다"라는 걸 뜻해요. 그런
의미에서 소설은 무책임할 정도로 포용력이 넓은 표현
방법이 아닐까 합니다.

뮤지션에서 소설가로 전직하게 된 계기가 있을까요?

주류 레코드 회사 소속의 가수로 일할 때는 한 곡을
녹음하기 위해 수많은 관계자를 설득해야 했어요.
솔직히 가수로서 일을 제대로 파악하기도 전에
퇴직했다는 느낌이 강합니다. 당시 무슨 일을 하든
좀처럼 마음먹은 대로 풀리지 않았고 과연 제가 할 수
있는 일은 무엇인지, 도대체 무엇을 하면 좋을지 알
수 없었거든요. 매일 피폐해 있던 것을 기억합니다.
회사와의 계약을 끝낼 즈음 정신적으로 많이 지쳐
있었어요. 이렇다 할 성과가 있는 게 아니었고, 진정으로
모든 기회가 끝나버렸다는 생각이 들었습니다.

가와카미 미에코(Mieko Kawakami),
'웃기만 할 수 있는데 왜 화를 내요?'('Why
Get Upset When You Can Just Smile?'
/ 단편 ⟨골든 슬럼버(Golden Slumbers)⟩
중 («The New York Times» 2020.5.19)

신랑은 75세, 신부는 21세였다. (…) 기온이 오르고 있었다.
장미 송이들이 자라났다. 날이 궂어지기 시작했다. 누군가가 웃고
있었다. 나는 음악을 들을 수 있었다. 졸음과 위안이 우리 몸을
가득 채웠다. 눈을 뜨고 있기가 힘들었다. 내가 정말 결혼식에
왔나? 장례식이 아니라? 구별하기 어려웠다. 정확히 그 둘의
차이는 무엇일까? 분명 신랑이 죽었는지 아닌지가 문제였다.
신랑 옆에 서서 완벽한 치아를 보이며 웃는 신부는 살아 있는
것처럼 보였지만, 우리 중 그 누구가 확실히 말할 수 있었을까?
어쩌면 나는 뜨개질하는 소녀에게 물어볼 수도 있었다.

이제 와서 생각해보면 대기업에 소속되지 않더라도
충분히 좋은 음악을 만들어내는 사람들이 이렇게나
많은데, 그때의 저는 그걸 몰랐어요.

꽤 상심이 컸을 것 같아요.

하지만 어떤 형태로든 제가 표현을 하며 살아갈 거라는
사실만큼은 한순간도 의심한 적이 없어요. 아니,
그렇지 않은 삶을 상상하는 게 불가능했죠. 수입은
없어졌고 함께한 스태프에게 보답도 제대로 하지 못하고
해산하면서 완벽히 혼자가 되자 이런 생각이 들더군요.
'그래도 나에게는 말이 있잖아?' 그렇게 써내려간 시가
편집자의 눈에 들어서 저명한 시 전문지에 실리게
되었어요. 뒤이어 다른 문예지에서 소설을 써달라는
의뢰가 들어왔죠. 처음으로 쓴 소설 《와타쿠시 리쓰 인
치아, 또는 세계(わたくし率 イン 歯、または世界)》가
아쿠타가와상 후보에 오르면서 소설가로서 새로운 삶을
시작했습니다.

글을 쓸 수 있는 위치에 있다는 것은
그 자체로 이미 특권이다

무라카미 하루키와의 대담을 엮은 《수리부엉이는 황혼에
날아오른다》를 매우 흥미롭게 읽었습니다. 각 작품의 탄생
비화부터 기억과 비유, 작업과 비평, 명성과 일상, 죽음 이후의
이야기까지…. 11시간 동안의 대화를 읽으면서 인터뷰라기보다
가와카미의 하루키론을 접한 듯했습니다. 그가 작품에서
여성을 묘사할 때 느껴지는 위화감을 이야기하는 부분은 내심
통쾌하기도 했고요.

소설가가 다른 소설가의 자기장으로 들어간 걸로 모자라
그 안에서 장시간 대화를 나누는 일은 굉장한 각오와
체력이 필요하다는 사실을 새삼 느꼈습니다. 무라카미
하루키의 우물 안에 함께 들어가는 듯한 체험이었죠.

준비 기간을 포함해 수개월간 그의 작업에 깊숙이 들어가 있던 탓에 마지막에는 《양을 쫓는 모험》[2]처럼 양이 빠져나가버린 상태였다고나 할까요. 두 번 다시 이런 일은 못 하겠다고 생각했어요. (웃음) 대화를 나누고, 원고로 옮기는 단계, 교정, 완성까지 모든 과정에서 문장을 깊이 파고들어 생각해야만 하는 작업이었습니다. 게다가 그걸 하루키 씨와 처음부터 끝까지 머리를 맞대고 진행했다는 말이죠. '이런 식으로 말을 바꾸면 어떨까', '여기에 이런 비유를 넣자' 하고 차례차례 풀어내는 그의 기술을 직접 목격했는데, 굉장함을 넘어 소름이 끼치더군요.

아까 "소설은 혼자서 임하는 작업"이라고 했죠. 비단 누군가와 함께하지 않더라도 하나의 이야기를 완성하기까지 정말 많은 과정을 거치게 될 텐데요. 그중에서도 가장 힘든 과정이 있을까요?

소설 집필은 곧 육체노동이에요. 우선 몸이 아주 힘들어요. 마흔을 기점으로 매일 규칙적으로 운동하고 있습니다. 저는 전체 흐름을 정한 후에 소설을 써내려가면서 아이디어를

2   무라카미 하루키의 1982년 작품. 이름이 드러나지 않은 주인공이 1978년 도쿄와 홋카이도에서 겪는 모험을 그렸다. 이 작품으로 하루키는 노마신인문학상을 수상했다.

세상에는 아직도 써야만 하는 이야기가 있습니다　　　　　**295**

더하거나 빼며 거대한 눈덩이, 또는 증폭해가는 돌풍처럼
이야기를 절정으로 이끌고 가요. '이날까지 이 부분을
끝내고 만다'라고 일정을 세워두고, 그 일정을 지키는
걸 반복하며 작품을 완성하는 스타일입니다. 그래서
하루하루 그걸 실행하는 것 자체가 가장 힘든 과정인지도
모르겠어요. 잘되는 날이 있는가 하면 그렇지 못한 날도
많아요. 마지막 장면을 다 쓰고 탈고한 순간에는 여하튼
해방감이 있기는 해요. 그 후 방대한 양의 수정 작업이
기다리고 있다는 걸 알면서도… 일단 제대로 끝냈다!
하고 실감하죠. 이야기를 끝내는 일은 그걸 시작하는
것만큼 힘들거든요.

좋은 소설의 기준이 궁금합니다.

각각의 소설이 지향하는 좋음, 독자가 소설에서 체험하는
좋음이라는 게 존재한다고 생각해요. 오랜 시간 심사위원
자격으로 소설을 심사해왔는데, 소설이란 사실 비교할 수
있는 게 아닙니다. 물론, 세세하게 나눈 기준에 따라 달성
여부를 비교해서 심사하는 건 가능합니다. 어떨 때는
그럴 필요가 있다는 것 또한 이해하지만, 그래도 소설은
비교할 게 아니라는 생각으로 늘 심사에 임하려 합니다.

언젠가 써보고 싶은 사회적 이슈나 대상은 무엇인가요?

종교, 포스트 옴 (옴진리교)³의 종교에 관해 쓰고 싶어요. 실은 《헤븐》을 쓰면서부터 10년 넘도록 이 주제에 관해 생각을 키워오고 있습니다. 오랫동안 구상한 만큼 기대도 커요. 가장 긴 소설이 될 듯합니다.

쓰는 행위를 통해 치유된 경험이 있다면요.

말로 인식하지 못하는 부분에서 많은 걸 경험했다고 생각해요. 한 번뿐인 인생이라 문장을 쓰지 않는 인생이 어떨지 저로서는 알 수가 없네요. 같은 이유로, 제가 쓰는 행위를 통해 구체적으로 무엇을 회피하고, 어떻게 구원받았는지 증명할 길도 없고요. 다만 이 사실 하나는 확실히 말할 수 있습니다. 글을 쓰고 있지 않았다면, 글이라는 표현 방식이 저를 택하지 않았다면 지금처럼 마흔셋이 될 때까지 살아 있지 못했을 거예요. 제게 일어난 수많은 일을 견디지 못하고 30대에 파멸해버렸겠죠.

다행히 당신이 쓴 《젖과 알》이나 《여름 이야기》 등을 읽으면서 여성으로서 내가 진정으로 원하는 게 무엇인지 다시 생각할 수 있었습니다. 더불어 소설을 비롯한

3   1984년 창설된 옴신선회의 후신으로 종말론을 주장해온 신흥 종교 단체.1995년 도쿄 지하철에 사린가스를 살포하는 테러를 저지르면서 세상에 알려졌다.

다양한 창작물을 통해 더 많은 여성 서사가 이야기되어야 한다고
생각했고요.

> 그렇게 이야기해줘서 고마워요. 지금은 SNS를 통해
> 비교적 다양한 의견을 들을 수 있게 되었죠. 그럼에도
> 글을 써서 그 대가를 받으며 살아가는 것, 다시 말해
> 글을 통해 제대로 된 발언 기회를 얻는다는 건 여전히
> 어려운 일이라고 생각합니다. 세상을 향해 무언가를
> 이야기해야만 하는 사람 모두가 발언의 기회를 얻길
> 바라지만 일반적으로는 그 반대잖아요. 이야깃거리가
> 특별히 없어도 문화 자본이 풍부한 환경에서 자라난
> 사람이 발언권을 쉽게 얻는 게 현실이고요. 일견 쓰고
> 읽는 행위는 모두에게 평등하게 주어진 것처럼 보이지만
> 사실은 그렇지 못합니다. 이 문제는 문화나 경제 자본의
> 많고 적음과 매우 깊이 연결되어 있거든요.

쓰고 읽는 행위가 가진 고유한 힘이 있으니까요.

> 글을 쓸 수 있는 위치에 있다는 것은 그 자체로 이미
> 특권입니다. 온전히 자기만의 힘으로 그것을 선택하거나
> 쟁취했다고 해도 마찬가지예요. 이 세상에는 아직 쓰이지
> 못한 사람이 많이 있고, 쓰여야만 하는, 써야만 하는
> 수많은 이야기가 분명 존재합니다.

이제는 목소리를 내고 문제를 해결해야 한다

스스로 정의하는, 또는 어느 정도 상정하고 있는 독자층이
존재할까요?

구체적인 타깃은 없지만, 이 세상과 사회에 위화감을
가지고 살아가는 사람들, 기쁨이나 즐거움보다 슬픔과
불안이 많은 사람이 제 소설을 읽어주고 있다고 추측할
뿐이에요. 실제로 사인회나 토크 이벤트 등을 열면
상처투성이지만 힘을 내 살아가는 독자들이 찾아와
그동안의 생각을 이야기하며 눈물 흘릴 때가 있거든요.
그럴 때면 저도 가슴이 벅차올라서 함께 울어버리고
맙니다. 각자의 고통마다 형태와 무게가 있기 때문에
섣불리 '이렇게 하면 그 고통이 사라질 거야'라던가

'이렇게 하면 구원받을 수 있어' 같은 말을 할 수는 없어요.
대신 모두가 고독하고, 서로를 알 수 없다는 것만큼은
정확히 알고자 해요. 지금 힘들고 고통스러운 마음에서
제 작품을 읽어주는 사람들이, 후에 나이가 들면서 그것을
잊거나, 극복하거나, 조금이나마 편해지길 바랍니다.
"아, 미에코 말이지? 그 사람 책 예전에 많이 읽었지.
그리운 시절이네. 하지만 이젠 필요 없어"라고 웃으며
말해주면 좋겠네요.

당신이 책임 편집을 맡은 《와세다문학 여성호》는 2017년 발행과
동시에 큰 화제가 되었습니다.

《와세다문학 증간 여성호(이하 여성호)》[4] 기획은 정말
뜻깊은 경험이었어요. 발행
후 굉장한 반응을 얻으면서
개인적으로도 큰 힘을
얻었고요. 저는 책임 편집과
함께 시, 대담, 좌담, 히구치
이치요의 단편 〈섣달그믐(大
つごもり)〉의 현대어 번역에
참여했습니다. 한국의
싱어송라이터 이랑[5]도
에세이를 기고했답니다!

4 　 2017년 9월 일본에서
출간된 문예지. 소설, 시, 평론,
사진, 에세이, 그림 등 여러
장르의 여성 작가 82인이 모여서
만든 잡지로 가와카미 미에코가
편집장을 역임했다.

5 　 1986년 출생. 한국의
영화감독이자 싱어송라이터.
2012년에 1집 〈욘욘슨〉을
발표하며 이름을 알리기
시작했다. 2집 수록곡 〈신의
놀이〉로 2017년 한국대중음악상
'최우수 포크 노래'상을 수상했다.

여성 작가 82명의 작품을 한 권의 책으로 묶는, 여성 특집
문예지라는 기획은 어떻게 시작되었나요?

처음부터 제 머릿속에는 여성호를 만들어야겠다는
생각밖에 없었어요. '여성'과 '쓰는 것'이라는 관점에서
이야기하면, 그동안 여성은 어쩔 수 없이 짧은 글밖에 쓸
수 없는 상황에 놓여있었다는 사실을 새삼 느꼈습니다.
그동안 많은 여성들이 특정 역할을 강요받으면서
은연중에 쌓인 중압감이 굉장했고, 또 거기에 지나치게
많은 시간을 빼앗겨버린 결과죠. 여성이 글을 쓰려면 우선
몇 겹씩 둘러싸인 차별 구조부터 뛰어넘어야 하는 현실이
암담했습니다.

준비하는 과정에서 어려움은 없었나요?

기획 당시 소수 남성들이 보인 반응이 인상적이었어요.
'문예'라는 장르에서 일하고 있는, 예를 들어 비평가나
편집자로 일하는 남성의 일부는 기본적으로 자기 머리가
매우 좋다고 생각하죠. 하지만 그들은 여성호가 어떤
목적을 가지는지, 어떤 특집인지 제대로 알지 못했어요.
그동안 그들이 살아온 세계에서 그들과 동등한 입장으로
일하는 여성이 존재하지 않는 게 당연했기 때문이죠.
스스로 변화의 흐름을 모른다는 사실이 무섭다 보니

기획 자체를 무시하거나 "여자들이 모여 있으면 무서워" 등
핵심에서 완전히 벗어난 감상을 말할 수밖에 없더군요.
이 점에 대해서는 기가 차고 질려버린 동시에, 제가 하는
일에 확신이 생기면서 내심 후련해졌어요.

당시 일본에서 "여성을 특집으로 삼는 것은 너무 편협하다"라는
거부 반응도 있었다고 들었어요.

'여성 특집이라니, 여성만 특별한 대접을 받는 거
아니야'라는 의견도 있었죠. 그럼 늘 이렇게 대응했어요.
"아니, 저기요? 저명한 문예지, 비평지의 평소 목차는
보셨나요? 전부 남성 호잖아요?" 본인들의 활동이
비대칭성 위에 겨우 성립되고 있다는 사실을 정말
모르더라고요. 콕 집어서 지적을 해도 몰라요. "남성도
차별당하고 있어" 같은 말을 하는 사람도 있죠. 자, 그럼
여성이 지금까지 그래 왔던 것처럼 평소에 시정하기 위해
목소리를 크게 내면 될 텐데, 아무래도 남성들은 그럴
필요를 못 느끼나 봅니다. 여성의 목소리를 무효화하고
싶어서 그 순간에 돌을 던지는 것뿐이죠. 이중적인
차별이고 정말 한심한 태도입니다. 남성을 향한 차별이나
삶의 고통, 힘든 상황이 정말 문제라고 생각하고 있다면
남성 스스로 독립적으로 목소리를 내고 그걸 바꿔야겠죠.
이 이야기를 제대로 하려면 사흘은 족히 걸릴 것 같아

오늘은 이 정도만 해둘게요. (웃음) 제 소설 «여름 이야기»에서 유자리카(遊佐リカ)라는 인물이 이 문제를 주제로 아주 신나게 이야기하고 있으니, 한국어판이 나오면 읽어봐주시면 좋겠습니다.

한국에서는 조남주[6] 작가의 «82년생 김지영»[7]이 베스트셀러가 되면서 이제는 미투 운동을 이야기할 때 절대 빼놓을 수 없는 사회 현상이 되었습니다. 2019년, 도쿄에서 조남주 작가와 함께 토크 이벤트를 진행했었죠?

조남주 작가와의 대담은 독특한 열기로 가득한 시간이었습니다. «82년생 김지영»의 일본어판 발행을 기념하는 이벤트라기보다 여성의 역량 강화 집회 같은 효과가 있었죠. 이 소설의 사회적 의의와는 별개로, 어떤 구조를 가졌는지, 그 구조로 인해 어떤 효과가 있는지, 다시 말해 비평적인 독해 위주로 이야기를 나눴어요. 추후 «여름 이야기» 한국어판이 나오면 조남주 작가에게 선물하려고 해요.

6   1978년 서울 출생. 한국의 소설가. ‹PD수첩›, ‹불만제로›, ‹생방송 오늘아침› 등 시사교양 프로그램 작가로 10여 년 일하다가 소설가로 방향을 바꿨다. «귀를 기울이면»을 시작으로, «고마네치를 위하여», «82년생 김지영»을 펴냈다.

7   조남주의 2016년 작품. 주인공 김지영의 고백을 통해 한국 사회를 살아가는 30대 여성의 성차별에 대한 생각을 전개했다.

코우노스 유키코(鴻巣友季子),
가와카미 미에코 인터뷰(<川上未映
子ロング·インタビュー>「生む／生ま
ない、そして生まれることへの問い」)
(«문예춘추(文藝春秋)», 2019.12.5)

"긴 소설을 쓰는 건 마치 피겨스케이팅 같아요.
하나씩 온 정신을 집중해 기술을 마무리한달까요.
에피소드를 쌓아가면서, 표현이나 기술 면에서 하나씩
해결하는 느낌이에요. 그리고 교향곡의 이미지도
떠올라요. 제가 내는 모든 소리, 찰나의 숨소리 하나도
전체에 흠이 되지 않도록 주의하면서 만들어 갑니다.
고유명사는 물론이고 (…) 일반 독자라면 신경도 쓰지
않을 작은 부분이 모여 작품을 지탱합니다. 그렇게
하나하나 만들어가다가 마지막에는 정경 묘사가 남아요.
대사도 에피소드도 아닌, 정경 묘사야말로
제게 주어진 일이라고 생각해요."

천천히, 편안하게 소설만 마주하고 싶다

어떤 어린 시절을 보냈나요?

오사카에서 태어나서 자랐어요. 저는 밝고 적극적인 부분과 죽을 만큼 어두운 부분이 뒤섞여 있는, 감정 기복이 심한 아이였어요. 감정이입형 인간이라 좋은 의미로든 나쁜 의미로든 '무거운' 아이가 아니었을까 합니다. 누구나 죽는다는 사실, 사람은 왜 태어나는지, 눈앞에 펼쳐진 이 세계는 대체 무엇인지, 그런 밑도 끝도 없는 것을 언제나 생각했어요. 모래알에서 우주를 보고, 된장국 안에서 보편을 느끼는, 그러다가 방구석에 구겨져서 우는 아이였죠. 어떻게 보면 다소 과장되어 보일 수도 있을, 쉽게 감격하는 기질은 지금 제 창작의 뿌리와

| 완벽히 일치합니다.

평소 어떤 환경에서 글을 쓰나요?

> 집에는 남편의 서재가 있고 제가 일하는 공간도 따로
> 마련해두고 있어요. 원고는 주로 컴퓨터로 씁니다.
> 데스크톱을 설치하고 언제든 안정된 상황에서 글을 쓸 수
> 있도록 꾸며놓으면 의욕도 생기고 좋거든요. 교정 등을
> 진행할 때는 카페에 나가서 작업하기도 해요. 손으로 쓸
> 때는 장소를 가리지 않는 편이고요.

글을 쓸 때 특별히 정해둔 규칙이 있을까요?

> 규칙은 딱히 없는데, 포맷은 어느 정도 잡혀 있어요.
> 에세이나 칼럼을 쓸 때는 작은 고딕체로 최대한 가볍게.
> 소설을 쓸 땐 클레(Klee)라는 폰트를 사용합니다.
> 부드럽고 편안한 느낌의 폰트예요. 워드 화면을 띄우면
> "그래 오늘도 힘내는 거야" 하고 이야기해주는 것 같아서
> 마음에 들어요.

아침에 일어나 가장 먼저 하는 일은 무엇인가요?

> 물을 좋아해서 많을 땐 하루에 4리터씩 마셔요. 식욕이

왕성한 편인데, 아침에 일어나면 일단 꾹 참고 요거트를
먹은 후 간단한 조식을 만들거나 아이를 챙기면서 하루를
시작합니다. 요즘은 아이의 도시락을 만들어야 해서
살짝 미칠 것 같은 마음을 겨우 부여잡고 매일 무언가를
어떻게든 만들고 있어요.

그런 마음이 드는 이유는요?

저는 정말 요리가 싫어요. 남편이 저보다 요리를 더
못한다는 이유만으로 제가 담당하고 있지만요. 가만히
생각해보면 요리는 누구든 할 수 있는 행위입니다. 결국
하려는 의지와 책임감의 문제죠. 이 점에 대해 남편과 몇
년에 걸쳐 격한 공방을 펼치고 있지만, 그럼에도 일상은
계속되고, 남편이 지금부터 요리를 하나씩 배우기에는
시간 여유가 없어서 제가 요리를 맡았죠. 대신 나머지
가사는 최대한 분담하면서 균형을 맞추려고 노력합니다.
아이에게도 이렇게 이야기해요. "엄마가 여자라서 이렇게
네 도시락을 만들고 있는 게 아니야. 가사를 비롯해
어떤 일에도 성별은 관계없어. 우연히 내게 요리하는
기술이 있는 편이라 개인적 호의를 가지고 담당하는 것일
뿐이야"라고요.

가장 즐거운 시간은 언제인가요?

잘 때, 그리고 아이와 함께할 때. 말도 안 되는 이야기로 아이와 같이 웃고 있을 때가 역시 행복해요. 아들은 익살스러운 성격이라서 일단 긍정적 긴장감이 있어요. 함께 있다 보면 숨 쉬기 힘들 만큼 몸을 꼬며 웃을 때도 많거든요.

SNS를 활발히 하며 본인의 계정을 잘 운영하고 있다는 느낌을 받았습니다. 특히 인스타그램 팔로잉 목록이 인상적이에요. '솔트 배(Salt Bae)[8]' 셰프부터 베를린 필하모닉 오케스트라, 패션 브랜드 미우미우까지요.

패션과 클래식을 매우 좋아해요. 코스메틱 관련 정보도 챙겨서 보는 편이고요. 패션에 관해서는 칼럼이나 간단한 비평을 수록한 책을 만들고 있기도 해요. 사실 패션을 통해 정말 다채롭고 깊이 있는 이야기를 할 수 있거든요. 개인적으로는 패션과 클래식이 크게 다르지 않다고 느끼는데, 사진으로 보면 다소 이질적으로 보일 수도 있겠네요. 자외선 차단제 옆에 안드라스 시프[9]가 있다든지…. (웃음) '솔트 배'는 아들과 대화를 하기 위해 팔로우하고 있어요. 저 또한 고기를 먹지만, 매년 떳떳하지 않은 기분을 지울 수 없어요. 주어진 생활

8   터키 출신 셰프 누스레트 괵체(Nusret Gökçe)

9   András Schiff. 1953년에 태어난 헝가리의 피아니스트

습관을 의심하면서도 그대로 살아가고 있으니까요. 그 습관이 정말 필요한지도 고민하게 되고요. 실제로 육식에 혐오를 느끼는 사람이 있는 반면, 육식을 통해 행복함을 느끼는 사람도 있습니다. 그것을 생업으로 삼는 사람도 있고요. 여러 영상을 찾아보면서 동물의 생명과 권리, 인간의 윤리와 선택에 대해, 함께 생각합니다.

앞으로의 계획이 궁금합니다.

지금은 그저 매일같이 해야 하는 일에 쫓기는 상황이라, 천천히, 편안하게 소설만 마주하는 시간과 환경을 확보하고 싶어요. 그럴 일은 없겠지만… 가능하다면 마감 없이 일하고 싶습니다. 40대에 조금씩 적응하는 중인데, 앞으로 몇 년 안에 큰일을 하나 끝내려고요. 이렇게 큰소리치는 지금도, 글을 쓸 때마다 '정말 못 쓰네', '이런 묘사 하나도 제대로 못 해?' 하고 정나미가 떨어지고는 하지만요. 어떻게든 부지런히 갈고닦으며 힘을 내보려고 합니다. 그리고 언젠가 히구치 이치요[10] 의 모든 작품을 현대어로 완역하고 싶어요.

10   일본 근대문학을 개척한 여성 소설가. 어머니와 오빠의 불화로 이치요는 어머니, 여동생과 함께 오빠의 집을 나와 혼고 (本郷)로 이사했고 생계를 위해 소설을 쓰기 시작했다. 《문학계》 등의 잡지에 《섣달 그믐날》, 《키 재기》, 《탁류》 같은 서정성 넘치는 수작을 발표하여 복고적 시대 풍조 속에서 주목 받았다.

가와카미 미에코는 1976년 오사카에서 태어났다.
2007년, 첫 소설 «와타쿠시 리쓰 인 치아, 또는 세계»로 제137회
아쿠타가와상 후보에 오르며 소설가로 데뷔했다.
—

그는 이듬해 «젖과 알»로 제138회 아쿠타가와상을
수상했고, 이어서 다양한 상을 꾸준히 수상했다. 2010년
소설 «헤븐»으로 예술선장 문부과학대신(文部科学大臣)
신인상과 제20회 무라사키 시키부 문학상을, 2013년 «사랑의
꿈이라든지»로 다니타키 준이치로상을, 2016년 «동경»으로
와타나베 준이치상을 수상했다. 단편소설 «마리의 사랑의
증명»은 영국의 문예지 «그란타»가 꼽은 '2016년 일본의 젊은
소설가 우수작(Granta Best of Young Japanese Novelist
2016)'에 선정되었다.
—

미에코는 시인으로도 활발히 활동하며 2009년 나카하라 주야상,
2013년 다카미 준상을 수상했다. 2017년 무크지 «와세다문학
여성호»의 책임 편집을 맡았으며, 2019년작 «여름 이야기»는
제73회 마이니치 출판문화상을 수상하며 세계 10개국에서
번역 출판될 예정이다. 그 외 작품으로 «모두 한밤중의 연인들»,
«위스테리아와 세 여인», 무라카미 하루키와 함께 작업한
«수리부엉이는 황혼에 날아간다» 등이 있다.
—

instagram @*kawakami_mieko*

가와카미 미에코
Mieko Kawakami

312

"

히구치 이치요는 제가 온몸으로 영향을 받은 작가입니다.
그의 체언 종결법이나 마침표와 쉼표를 찍는 부분,
독특한 리듬 등은 많은 영감을 줬어요. 제가 쓰는
장편소설에는 종반에 커다란 논의가 펼쳐지는 전개가 많은
편인데, 논리를 만드는 방법이나 어떤 문제를 파악하는
방법은 철학자 나가이 히토시의 영향을 크게 받았습니다.
제가 사숙(私淑)하는 선생님이죠. 지금까지 누구도
문제 삼지 않던 독아론(실재하는 것은 자아뿐이고 다른
모든 것은 자아의 관념이거나 현상에 지나지 않는다는
입장)의 기초로서의 '나'의 개념을 탐구하는, 일본을
대표하는 철학자죠. 그리고 '소설의 문장', 다시 말해 정경
묘사의 기술은 무라카미 하루키의 작품에서
많이 배웠습니다.

"

Yeonsu
Kim

김연수

Seoul

08

김연수는 30년 가까이 활동해온 한국의 소설가다. 그는 번역가
관심으로 결국 소설가가 되었다. 한국 현대사의 아픔을 포용하
그의 소설은 어떤 암흑에서도 희망의 빛을 잃지 않는 내용이 담

후, 더 많은 책을 번역하기 위해 시인이 됐으나 이야기에 대한

시에 지금 시대에 할 수 있는 이야기를 담담하게 글로 표현하는

다. 김연수에게 소설가란 지금 시대의 목소리를 내는 사람이다.

지금 쓸 수 있는 글을 써야 합니다

경기도 고양시 일산동구 카페 라리,
2020년 4월 30일 오후 3시

소설가의 몸이 되어야만 합니다

평소 규칙적인 생활을 하는 소설가로 잘 알려져 있습니다. 오늘 오전의 일과는 어제와 동일한가요?

소설을 쓸 때는 규칙적인 생활 방식을 고수합니다. 저의 삶을 온·오프 시즌으로 나눈다면, 마감을 위해 가열차게 원고를 작성하는 시즌이 온이고, 원고 마감을 다 털고 책이 나온 순간이 오프 시즌이겠죠. 오프 시즌 때는 규칙적인 생활을 할 수가 없어요. 말하자면 글을 쓰기 위해 만들어진 소설가라는 자아가 존재하는데, 오프 시즌 때는 그 자아가 사라져도 괜찮은 거죠. 이때는 지인들과 술을 마시며 밤을 지새우기도 합니다. 한데 소설을 써야 하는 상황이 되면 원고를 다 쓸 때까지 규칙적인 생활을 할 수 있는 사람, 즉 소설가의 몸이 되어야만 해요. 그런 습관이 몸에 배이게 하고 난 뒤에야 글을 쓸 수 있는 것이죠. 이건 노력이라기보다 어쩔 수 없는 숙명 같은 것이에요. 그렇지 않으면 쓸 수 없으니까요. 지금은 새로운 장편소설을 쓰고 있으니 소설가의 몸으로 살고 있습니다.

오후 3시부터 저와 만났으니, 지금의 시간만큼은 어제와 다르겠군요.

행하는 것이 다를 뿐이지 어제와 변함없는 시간을 보내는 중입니다. 가령 온 시즌 때는 새벽 4시쯤 일어나서 커피를 마시고, 해가 뜰 때까지 원고를 작성합니다. 해가 뜨면 작성한 원고를 프린트한 후에 교정을 보고 해가 질 때까지 계속해서 원고를 검토합니다. 이따금 산책을 나가기도 하고요. 해가 지면 다시 책상에 앉아서 원고를 이어 쓰고 10시에서 11시 즈음 잠이 듭니다.

소설가의 작업실이 궁금합니다. 매일 같이 반복 작업을 하는 공간은 어떤 모습일까요?

붙박이 책장과 책상 세 개가 놓여 있습니다. 작업실 한쪽 벽면을 가득 채운 붙박이 책장에는 책이 가득 채워져 있고요. 책 종류는 다양한데요, 지금은 제가 쓰는 소설과 관련한 책과 자료가 더 많은 것 같습니다.

책상이 세 개나 필요한가요?

저마다 나름의 용도가 있습니다. 하나는 글을 쓰거나 입력하는 용도, 다른 하나는 문장을 검수하는 용도, 나머지 하나는 책을 읽는 용도입니다. 대부분 소설가의 일이 글을 쓰는 일이라고 생각할 테지만, 글을 안 쓰는 것도 소설가의 중요한 일이에요. 글을 고치고, 책을 읽고 생각하는 것도 중요한 업무인 거죠. 한데 그걸 자꾸 잊어요. 책상이 하나였을 땐 계속 한 책상에 사로잡혀서 다른 일을 망각하는 거예요. 그래서 책상을 나눴어요.

이 방법 또한 규칙적인 글쓰기처럼 경험의 결과인가요?

숙달된 경험이죠. 한 책상에 사로잡혀 뭐든 쓰려고 보니 지침이 와요. 계속 이야기를 끌고 나가려고 하죠. 한데 아무리 오래 앉아서 글을 쓴다고 해도 완결이 되지 않습니다. 다른 걸 생각해야 해요. 방법은 세 가지 입니다. 다른 책을 읽던가, 쓰고 고치던가, 아니면 아예 나가든가. 이를 위해 책상을 세 개로 나누고 각각의 책상으로 일을 규정했어요. 책상을 활용하는 순서도 정해져 있습니다.

책을 읽는 책상에서 시작해서 글을 쓰는 책상, 교정하는 책상으로 옮겨갑니다.

글을 쓰다 보면 감정에 휘둘릴 수도 있습니다. 그런 순간이 찾아오면 어떻게 극복하나요?

소설가의 몸을 만드는 과정에는 감정 상태를 바로잡는 것까지 포함되어 있습니다. 특히나 장편소설을 쓸 때는 마음 상태가 잔잔한 물결 같아야 합니다. 심리 상태를 오랫동안 평온하게 유지할 수 있어야 하죠. 이게 말처럼 쉽지 않거든요. 매일 5킬로미터를 달리자고 다짐할 수는 있지만 그걸 매일 할 수 있는 사람이 드문 것처럼요. 그런데도 소설을 써야만 한다면 그 괴로움도 견뎌내야 하죠. 저도 이를 위해서 글 쓰는 시간을 정한 것이고요. 글 쓰는 시간 외에는 편안한 마음으로 생각하면 됩니다. 물론 주변 상황 때문에 어쩔 수 없이 감정에 휘둘릴 수는 있습니다. 이럴 땐 오히려 규칙성을 깨뜨려야 합니다. 그렇게 하지 않으면 아무리 소설가의 몸을 만들어도 글을 못 써요. 그건 너무나 당연한 거니 스스로 자책할 필요가 없습니다. 그땐 소설가의 자아를 버리고, 개인적인 일을 먼저 해결해야 하는 것이죠.

온 시즌 때는 자료 수집하는 시간이 따로 없나요?

글을 쓸 때 저는 공간을 장악하는 편입니다. 자료가 어디에 있는지 알고 있어야 글을 쓸 수 있어요. 글을 쓸 때 제 손이 닿는 곳에 자료가 준비되어 있어야 하는 것이죠. 글을 쓰지 않을 때는 아이디어가 들어오는 단계이니 밖에 나가서 이것저것 살펴보기도 하지만, 소설을 쓰는 일은 제한된 환경 안에서 제한된 책과 자료를 읽으며 글을 쓰는 일이에요. 이 단계에서는 지금 쓰는 소설 외적인 생각을 철저하게 차단한 채 오롯이 제 생각과 자료에 의존해서 다음 장면을 채워나갑니다.

마라톤을 완주했듯 소설도 완성할 수 있다

1993년 계간 «작가세계»[1] 여름호에 시를 발표하면서 작품 활동을 시작했습니다. 그렇다면 27년 내내 온 시즌 동안은 소설가의 몸을 유지한 건가요?

20대 중반 첫 번째 장편소설을 쓸 때는 어떻게 소설을 써야 하는지 몰랐어요. 글의 전반적인 주제를 정하고 인물의 캐릭터를 선정한 다음, 사건을 만들면 소설을 쓸 수 있을 거라고 막연하게

[1] 세계사가 발행하는 계간 문예잡지. 1989년 창간호의 이문열 특집을 시작으로 고은, 김수영, 김지하, 박경리, 박완서 등 현대문학사의 거장뿐 아니라 신경숙, 공지영 등의 중견 작가, 2000년대 이후 활발히 활동하고 있는 박민규, 김연수, 김경욱 작가까지 우리 시대 대표 작가에 대한 심층 연구가 특징이다.

│ 생각했죠. 근데 그렇게는 절대 쓸 수 없어요.

시인이 먼저 되고 난 이듬해인 1994년 장편소설 «가면을 가리키며 걷기»[2]로 제3회 작가세계문학상을 수상하며 비교적 수월하게 소설가로서 작품 활동을 시작했습니다.

처음에는 번역가를 꿈꿨습니다. 번역가가 되면 좋아하는 책을 읽고 돈을 받을 수 있으니 이보다 더 좋은 직업은 없다고 생각했죠. 대학에 갈 때 영어영문학과를 선택한 것도 번역가가 되고 싶었기 때문입니다. 시인에 도전한 것도 단순히 번역 일을 더 많이 하기 위한 수단이었습니다. 문단에 있으면 일을 더 많이 할 수 있다는 말을 들었거든요. 실제로 득이 됐고요. 근데 제가 쓴 시 대부분이 좀 길거든요. 시를 자꾸 길게 쓰니까 문단에서 소설을 써보면 어떻겠냐고 제안을 했죠. 당시는 어렸으니까 그냥 해보기로 했어요. 그래서 소설을 썼는데 이듬해에 등단한 거예요. 사실 첫 소설이 좋았느냐고 물으면 저는 누구에게도 보이고 싶은 소설은 아니라고 답할 거예요. 그때는 무작정 밀어붙였습니다. 잠도 잘 안 잤고요. 의자에 앉아서 가열차게 원고를 쓰며 몸을 혹사시키는 방법을 택했습니다. 당시에

2   1993년 시인으로 등단한 김연수의 첫 소설. 정보기관의 공작 정치와 제5공화국의 역사를 풍자적으로 재구성한 장편소설이다.

심사위원이었던 이문구[3] 소설가가 제 소설을 읽고 이런 평을 했는데요, "처음 쓴 장편소설인데 이 정도 매수를 채운 건 대단한 일이다"였어요. 제가 쓴 소설의 분량이 원고지 1400매였거든요. 그러니까 글의 질을 따지지 않고 무작정 쓴 것이죠. 한데 그건 젊기에, 그리고 처음 소설을 썼기에 가능한 일입니다. 두 번째 소설부터는 그게 안 됩니다. 체력도 점점 바닥이 나고요. 그때부터 다른 방법으로 글을 써야겠다고 생각했습니다. 그리고 그 해답은 소설이 아닌 마라톤에 있었어요.

소설도 마라톤처럼 집념과 열정이 필요한 일처럼 느껴지긴 합니다.

마라톤에 처음 도전할 때 장편소설을 처음 썼을 때의 기분을 느꼈습니다. '할 수 있겠지'라는 마음만으론 절대로 완주할 수 없는 종목이거든요. 물론 달리는 중에 어떻게 호흡을 하면 되는지, 어떤 구간에서 속도를 높이고 낮추는지 등 '마라톤 완주하는 법'은 책이나 자료를 통해서 알 수 있지만 막상 뛰면 몸이 안 따라줍니다 그렇다면 어떻게 마라톤을 완주할 수 있을까? 이런 고민 끝에 내린 결론은 매일 같이 반복해 뛰자는

3   1941년 출생. 한국의 소설가. 전통적 농촌 사회에 관한 풍부한 디테일과 그 안에 존재하는 인물 간 서사를 묘사하는 것이 특징이다. 대표작으로 연작소설 《관촌수필》, 《우리 동네》, 단편소설 《김탁보전》, 《암소》, 《추야장》, 《장곡리 고욤나무》 등이 있다.

| 것이었습니다.

반복하는 행위를 통해서 매듭짓는 법을 배운 거군요.

| 쉬운 일은 아닙니다. 오늘은 못 뛰겠다는 핑계가
수없이 생기거든요. 뛰려고 하는데 밖에 비가 오면
그날은 못 뛰죠. 그래서 생각한 것이 매일 30분만 밖에
나가보자였어요. 그렇게 하면 날씨 핑계를 못 대요. 비가
오면 우산을 쓰고 30분 간 산책하고 오면 되니까요.
그렇게 꾸준히 30분을 활용해 2년간 빠짐없이 걷거나
뛰다보니 마라톤을 완주하게 됐습니다. 소설도 매일
시간을 정해서 쓰면 되지 않을까 싶었어요. 결국 마라톤을
완주했듯 소설 또한 완결할 수 있다는 믿음이 생기니까
초조함도 사라지더군요.

결국 소설을 쓰는 일은 의지가 필요한 일이네요.

| **소설을 쓰겠다는 확고한 의지가 있어야 해요. 의지를
바탕으로 몸의 습관을 키우면 소설이 쓰여지는 것이죠.**

지금도 매일 같이 시간을 정해서 달리나요?

| 뛰다 말다 합니다. (웃음) 이젠 달리는 것도 소설 쓰는
일처럼 숙달됐거든요.

지금 쓸 수 있는 글을 써야 합니다

김연수, «지지 않는다는 말» '여름
내내 달렸으니 맥주는 얼마든지' 중,
p.139

예컨대 나는 한 달에는 최소한 200킬로미터는 달려야만
한다고 생각했다. 그러니 나는 늘 200킬로미터만
생각했다. 그런데 지금은 매일 운동하며 이 여름을
지나왔다는 사실을 생각한다. 그건 정말 멋진 일이다.
맥주를 마실 때도 그 생각을 한다. 아무리 거품을 삼켜도
배가 나오지 않으리라. 나는 여름 내내 달렸으니까.
이건 좀 멋지다. 마흔이 넘어서도 나는 여전히 깨닫는다.
30대에는 내 한계가 어디까지인지 알고 싶어서 달렸다.
그런데 이제는 나 자신과 내 삶과 내가 한 일들을
충분히 즐길 수 있을 때까지 달린다.

소설은 당대 사람들과 교류해야 한다

산문집 «지지 않는다는 말»[4]에서 '나의 가장 아름다운 천국'이란 글을 흥미롭게 읽었습니다. 김천의 춘양당, 김천서점, 대구의 제일서적, 서울의 교보문고, 종로서적을 배경 삼아 책에 대한 애정을 담은 일화를 썼는데요. 에피소드를 읽으면서 소설가에게 서점은 작가의 세계관을 구축한 우주 같은 공간이라는 생각을 했습니다. 도대체 어떤 계기로 책을 이토록 좋아하게 됐나요?

시작은 추리소설이었습니다. 단편소설을 한 권씩 책으로 만든 '셜록홈즈 시리즈'가 아마도 제 의지로 읽은 첫 번째 소설인 것 같습니다. 초등학교 3학년

4   2012년 출간된 김연수의 산문집. 저자가 유년 시절부터 지금까지 만나온 사람과 사랑 그리고 자신의 작품과 읽었던 책, 예술 등에 관한 이야기가 담겨 있다.

때였는데, 값도 싸고 제목이 항상 '000 사건의 비밀' 이런 식으로 되어 있어 안 살 수가 없었습니다. 게다가 한 권씩 꽂아두면 수집의 묘미도 있었고요. 그때부터 책을 좋아했습니다.

소설가에게 책을 읽는 건 글을 쓰는 것 만큼이나 중요한 일이겠죠?

굉장히 중요합니다. 저 또한 다른 작가의 글을 통해서 많은 영감을 받았습니다. 여기서 받은 영감은 이야기가 아닌 글을 짓는 방식인데요. 가령 저는 추리소설을 제일 먼저 접했기 때문에, 어떤 글을 쓰든 이야기의 전반적 뼈대를 구축합니다. 그다음으로는 인물과 사건을 구성합니다. 이때 추리소설처럼 감춰진 이야기가 있고, 그걸 드러내기 위한 단서가 필요합니다. 이 모든 걸 전부 고려해야만 글을 쓸 수 있죠. 김성종[5] 추리소설 작가가 쓴 책 중에 '추리소설을 100권 정도 읽으면 본인이 쓰게 된다는 말'이 있어요. 생각해보니 지금 제가 그런 게 아닐까 싶군요.

5   1941년 출생. 한국의 대표 추리소설 작가. 1969년 《조선일보》에 《경찰관》을 발표하며 등단했으며 1974년 한국일보 창간 20주년 장편소설 공모전에 《최후의 증인》이 당선되며 대중성을 확보했다. 《일간스포츠》신문에 《여명의 눈동자》를 연재하며 대하소설의 새로운 지평을 열었다.

책을 읽는 것만큼 기록도 많이 할

것 같습니다.

> 기록을 많이 하지만, 제 개인적 일상은 기록하지 않아요.
> 특별히 생각나는 것이나, 발견한 것, 인상 깊은 단어 같은
> 것을 노트에 옮겨 적고는 합니다. 이는 철저하게 소설을
> 쓰기 위한 일입니다. 소설의 경우는 한 문장도 저 자신의
> 시각으로 쓸 수 없기 때문에 제 사적인 감정이 드러나는
> 이야기는 의도적으로 기록하지 않습니다.

소설의 주제는 결국 소설가의 주체 의식에서 나오는 게
아닌가요?

> 물론 제가 배운 혹은 제가 가지고 있는 생각이 소설에
> 반영될 수는 있습니다. 하지만 생각에도 높거나 낮은
> 여러 층위가 있듯 아주 낮은 생각은 소설에 반영하지
> 않습니다. 무의식적으로 썼더라도 그 문장은 계속
> 숙고해서 고쳐야 하는 것이죠. 여기서 산문과 소설의
> 차이점이 생깁니다. 가령 산문의 경우는 제 생각을
> 적어도 좋습니다. 그때 독자는 글을 통해 저를 투영하게
> 되죠. 한데 그것이 소설이라면 어떨까요? 절대 못
> 읽습니다. 영화와 다큐멘터리를 생각하면 이해가 좀
> 더 쉽습니다. 다큐멘터리라면 감독의 일생을 추적해도
> 좋습니다. 하지만 영화라면, 그 영화의 내용이 감독의

지금 쓸 수 있는 글을 써야 합니다

이야기라면, 저는 도저히 그 세계관을 받아들일 수 없을 것 같습니다.

그럼 어떤 방식으로 소설의 소재를 찾나요?

단편소설과 장편소설은 차이가 있습니다. 이를테면 단편소설 대부분은 잡지사나 출판사에서 받은 청탁을 통해서 떠오르는 경우가 많습니다. 특정한 주제에 대해 생각을 하다보니 새로운 소재가 찾아지는 것이죠. 장편의 경우는 대개 오랜 시간 가지고 있는 것이 소재가 됩니다. 소설가는, 적어도 저는 시작은 안 했지만 언젠가 써야겠다는 내용을 항상 품고 살고 있습니다. 한편으론 지금 맞닥뜨린 상황에 대해 쓰고 싶을 때가 있습니다. 가령 세월호 사태나 코로나19 같은 예기치 않은 일들에 대해서. 이런 것들은 설명하기 어려운데요. 저는 소설이 당대 사람들과 교류해야 된다는 생각을 항상 가지고 있습니다. 그러다 보니 한국이라는 시공간 속에서 어떤 사건들이 저를 자극할 때가 있어요.

취재한 내용을 바탕으로 원고를 작성하는 에디터로서 소설가에게 궁금한 점은, 글을 쓰기 위한 마음가짐입니다. 이를테면 저는 마음에 드는 음악을 찾기 위해 몇 시간을 레코드 숍에서 허비하는 것처럼, 첫 문장을 쓰는 데 오랜 시간이 필요합니다. 집에

있는 음악 앨범을 하나둘 꺼내 듣거나, 괜히 상관없는 시집을
펼치거든요.

소설가라고 해서 크게 다르진 않습니다. 저도 음악을
자주 듣습니다. 한때는 소설을 쓰기 위해서 가장 많이
하는 일이 앨범을 사는 것이었습니다. 레코드 숍에 가서
닥치는 대로 앨범을 샀어요. 그러다 보면 특정한 글에
도움이 되는 음악을 찾을 수 있었거든요. 음악 장르
중에 특별히 글이 잘 써지는 장르가 있습니다. 과거에는
영국의 모던 록이 그랬고, 지금은 젊은 작곡가가 만든
클래식이 특히 그래요. 이들 대부분이 영화 OST 작업을
많이 해서 OST도 자주 듣고요. 글을 쓰다보면 이야기가
중구난방일 때가 있습니다. 이걸 한 방향으로 이끌어야
할 때 서사가 있는 음악을 찾아 들어요. 한데 제가 이미
본 영화의 OST는 듣지 않습니다. 저도 모르게 영화의
스토리가 생각나서 소설을 쓰는 데 영향을 끼치거든요.
원래 가장 좋아했던 음악이 〈올드 보이〉의 OST인 〈라스트
왈츠(The Last Waltz)〉였는데, 영화를 보고 나서는 계속
영화 속 장면이 떠올라서 그다음부터는 들을 수 없게
됐어요.

당신은 전작을 지속적으로 비교해가며 그보다 더 나은 소설을
쓰기 위해 노력하는 소설가일까요?

아니면 지금 쓰는 이야기에만 몰입하는 소설가일까요?

지금 쓰는 이야기에만 몰입합니다. 전작까지 생각할 여유가 없어요. (웃음) 돌이켜보면 지금 쓸 수 있는 소설이 존재하는 것 같습니다. 10년 전, 20년 전에 쓴 소설은 그때이기에 가능한 것들이겠죠. 그렇게 생각하면 전작은 별로 개의치 않습니다. 제가 쓴 소설이라도 시대와 나이에 따라 조금씩 바뀌고 있습니다. 저는 그게 맞는 일이라고 생각해요. 그러다보니 제 소설관이 좀 보수적으로 바뀌고 있습니다. 사실 요즘의 소설 트렌드와는 반대의 흐름일 수도 있어요. 가령 요즘은 예전보다 원고 매수도 적고, 쉽게 쓰는 경향이 있거든요. 그런데 그건 젊은층이 잘하잖아요. 제가 굳이 그걸 좇을 필요도 없을 뿐더러, 그런 방향성이 싫다고 해서 갑자기 제 성향을 버리고 반대되는 걸 할 수는 없으니까요. 저는 그저 제가 잘하는 글을 쓰는 것이죠. 만약 어떤 걸 감수해야 한다면 감수할 수밖에 없습니다.

좋은 문장의 비결은 한번 더 고치는 데 있다

스스로의 소설에 담는 신념은 무엇인가요?

> 소설가는 소설 속 인물의 삶을 보는 사람입니다.
> 건축으로 비유하면 내·외부 설계를 혼자서 다하는
> 것이죠. 그렇기 때문에 소설의 완성도를 중요하게
> 생각합니다. 뭐, 모든 소설가들이 완성도를 따지겠지만,
> 저는 특히나 이야기의 완결이 있는 소설을 중요하게
> 생각합니다. 나이가 들면 들수록 이야기에 집중하게
> 되네요.

이야기의 완결성이 곧 좋은 소설의 기준일까요?

소설은 잡다한 장르라 좋다는 말을 쓰기가 어렵습니다만 저는 흠잡을 데가 없는 소설, 그런 소설을 쓰고 싶습니다.

흠잡을 데가 없는 소설을 쓰기 위해선 좋은 문장이 필요합니다.

좋은 소설가는 다음 문장을 잘 쓰는 사람입니다. 다음 문장을 썼을 때 앞의 문장과 어긋남이 없어야 해요. 한데 소설을 읽으면 아시겠지만, 대부분 어긋나거든요. 글의 톤은 물론이고 이따금 사실 관계가 잘못되어 있는 문장도 있습니다. 그런데 그러면 안 됩니다. 모든 문장이 독립성을 갖는 동시에 하나처럼 느껴져야 합니다. 그게 좋은 문장이죠. 그래서 계속 퇴고하고 검수하는 것이죠. 저는 이런 지점이 소설가의 묘미라고 생각합니다. 좋은 문장을 쓴다는 건 수학 문제를 푸는 것과 비슷합니다. 문장에 제약이 있기 때문에 경우의 수가 정해져 있거든요. 정해진 상황에서 가장 참신한 문장을 재현하는 것이죠.

정말 쉽지 않은 일이군요.

그래서 아침에 쓰고 계속 들여다 봅니다. 반나절 지나면 조금 더 문장이 나아지니까요. 그걸 다시 보고 또 고치면 더 나아지고요.

김연수, «나는 유령작가입니다» '다시 한
달을 가서 설산에 넘으면' 중, p.140

그는 오래전부터 수첩에다 자신에게
일어나는 모든 일을 적은 뒤, 밤이면
그 수첩에 적힌 내용을 온전한
문장으로 고쳐 쓰는 훈련을 해왔기
때문에 자신에 대한 글을 쓰는 일이
그다지 낯설지 않았다. 하지만 하루에
일어난 일들을 공책에 적어나가는
일과 소설을 쓰는 일은 많이 달랐다.
소설 안의 모든 문장은 서로의
인과관계에서 단 한순간도 벗어날 수
없었다. 개개의 문장은 모든 문장의
영향력 안에 있었다. 그 어떤 문장도
외따로 존재할 수 없었다.

지금 쓸 수 있는 글을 써야 합니다

소설가로서 변하지 않은 것도 있나요?

컴퓨터로 글을 타이핑하기 전에 원고지에 직접 씁니다.
컴퓨터에 바로 입력하면 그게 마치 인쇄된 책처럼
느껴지거든요. 그래서 자꾸 고치려고 해요. 완벽한
문장이 되어야만 할 것 같아서. 한데 연필로 원고지에
쓰면 인쇄 느낌이 덜 나서 편하게 쓸 수 있죠. 이를테면
'불이 난 상황'이 쓰고 싶은데 컴퓨터에 직접 입력하면
그 상황을 완벽하게 묘사해야 하는 반면에 원고지라면
무엇이든 쓸 수 있게 돼요. 심지어 문장이 안 써진다면
대략 그림을 그려도 되는 것이죠. 그러면 다음으로
넘어가기가 훨씬 수월합니다. 원고지에 쓸 때 연필을
고집하는 것도 비슷한 이유입니다. 일단 펜보다 흐리고
지울 수도 있고요. 만년필도 많이 가지고 있는데
그걸로 원고지에 쓰면 또 문장을 확정하는 것 같더군요.
컴퓨터로 타이핑하는 것과 같은 느낌입니다.

자신을 격려하는 존재가 있다는 생각을 품으면
삶이 더 희망적일 것이다

새로운 장편소설[6]을 쓰고 있습니다.

> 백석 시인[7] 아시죠? 백석에 관한 이야기예요. 그 분이
> 북한에서 활동했거든요.
> 당시에 관한 이야기를 쓰고
> 있습니다.

이번에는 사실 기반의 역사
소설이겠네요.

> 환경은 사실이죠. 그
> 안에서 움직이는 모습,

6   문학동네를 통해 2020
년 7월 1일, «일곱 해의 마지막»이란
이름으로 출간됐다.

7   1912년 평안북도 정주
출생. 시인. 1930년 열아홉 나이로
단편소설 <그 모(母)와 아들>이
«조선일보» 신춘문예에 당선되며
등단했다. 대표작으로 <남신의주
유동 박시봉방>, <나와 나타샤와 흰
당나귀>, <통영(統營)>, <고향>, <북방
(北方)에서>, <적막강산> 등이 있다.

| 에피소드는 제가 다 만든 것이고요.

하필 백석 시인을 다룬 이유가 있을까요?

《나와 나타샤와 흰 당나귀》[8]를 보면 알 수 있듯 백석
시인의 시 대부분이 달콤하잖아요? 그런 시인이 북한에서
활동했다고 하니까 그게 참 묘하더라고요. 우연하게
그가 북한에서 쓴 시를 봤는데, 국가를 찬양하는
시를 썼더라고요. 저는 그게 너무 안타까웠습니다.
공화국에 서정 시인은 없구나 싶었죠. 이는 20년 전부터
생각했던 물음인데, 그땐 그냥 그런 생각이었습니다.
그러다가 제가 48세가 되던 해에 백석 시인이 불현듯
떠오르더군요. 48세가 되던 해에 그는 모든 걸
박탈당하고 평양에서 쫓겨났거든요. 지금이야 48세에도
좋은 시를 쓸 수 있지만 당시를 생각하면 48세의 나이는
시인으로 재기하기에는 불가능한 시점이었어요. 그런
생각으로 봤을 때, 그는 결국 실패한 삶을 산 거죠. 본인이
노력했는데 그것이 성과를
내지 못했다면 실패를
받아들일 수 있을 텐데,
국가에 의해 실패했을
때는 과연 실패를
받아들일 수 있을까?

8   1938년 백석이 발표한
시. 몽환적 분위기의 시로 현실을
초월한 이상, 사랑에 대한 의지와
소망을 노래한 작품이다. 백석이
열렬히 사랑한 여인에 관한 이야기로
많은 이들의 사랑을 받아 뮤지컬로도
각색되었다.

김연수, 《사월의 미, 칠월의 솔》
'일기예보의 기법' 중, p.105~106

아빠는 달, 그중에서도 암스트롱이 첫발을 내디뎠다던 고요의
바다를 보는 걸 무척 좋아했다고 한다. 아빠는 학교 수업을
마치면 인근 도시까지 완행열차를 타고 찾아갔다. (…)
달을 좋아하는 남자를 사귀었으므로 엄마도 어두운 다방이나
제과점 같은 곳에서 하는 데이트보다 밤 산책을 즐기기 시작했다.
빨간색 플라스틱 랜턴은 첫 데이트에서 어두운 건 싫다는 엄마를
안심시키기 위해 동네 전업사에서 산 것이었다. 그 달빛 아래에서
두 사람은 많은 이야기를 나눴다. (…)

그 많은 일들 중에는 당연히 사랑도 포함됐을 텐데, 말하자면
첫째인 나는 그 달빛을 먹고 자란 달의 유산인 셈이다. 그러니
본디 은은하고 다정한 성품인 것은 당연했다. (…) 나중에
아빠가 없어 엄마가 힘들어 하는 걸 볼 때마다 나는 정월 대보름에
산길을 비추던 그 랜턴의 희미한 불빛을 떠올렸다. 우리에게
아빠란 그 불빛과 같았다. (…) 그토록 달을 좋아했다면 아마도
이젠 높고 환한 곳에 가셨을 테니. 우리 가족이 잘되도록 늘
지켜봐달라고 빌었을 것이다.

지금 쓸 수 있는 글을 써야 합니다

그의 마음은 어떨까? 그런 마음이 절실하게 다가왔어요.
그래서 쓰게 됐습니다.

당신 글에는 늘 달과 별이 희망의 메타포로 자주 등장합니다.
어떤 암흑에서도 희망은 있죠. 백석 시인의 비극을 알고 있음에도
희망적인 메시지가 있을까요?

백석 시인은 자기가 사는 시대에 함몰되어 있고, 그에게
있어 성공이란 그가 원하는 시를 쓰는 것입니다. 그런데
그럴 수 없는 상황에 처한 것이죠. 한데 그걸 백석 시인은
잘 모릅니다. 알 수가 없어요. 하지만 저는 그의 삶을 알고
있죠. 저는 이미 그가 어떤 시를 쓰는지, 어떻게 생을
마감하는지 알고 있어요. 그렇기 때문에 어떻게든 그를
응원할 수 있는 거예요. 달과 별도 마찬가지입니다. 달과
별은 정말 오랜 시간 동안 우리를 지켜보고 있었잖아요.
어쩌면 자연의 존재는 마치 소설가가 소설 속 인물을
바라보듯 우리의 삶을 이미 알고 있을 수도 있습니다.
만약에 정말 그렇다면, 제가 어떻게 생을 마감하든 그들
(달과 별)은 저를 응원할 수밖에 없을 거예요. 누군가가
늘 나를 응원하고 격려하는 존재가 있다면 좀 더 삶이
희망적이지 않을까요? 제게 달과 별은 그런 존재입니다.
자연도 마찬가지고요. 그리고 소설가 또한 그런 존재라고
생각합니다. 소설 속 인물을 늘 격려하는 존재. 그러니

어찌됐든간에 희망적인 메시지가 내포되어 있을 겁니다.

이런 생각을 하는 데 있어 고향인 김천의 환경이 영향을 주었을까요?

그럴 수도 있겠죠. 17세 때까지 김천에 살았는데, 그때는 별을 자주 봤습니다. 당시 저는 왜 태어났는지 모르겠더라고요. 그래서 늘 지붕 위에 누워서 별을 보며 끝없이 질문을 던졌어요.

백석 시인과 관련해 대화를 나눠보니 소설 속 캐릭터에 대한 애정이 대단한 것 같습니다.

애정할 수밖에 없습니다. 저는 소설 속 주인공이 하는 것을 그대로 따라하는 편이거든요. 제주도가 배경이라면 제주도에 가서 생활하고, 해외 도시가 배경이라면 해외 도시를 가야 합니다. 물론 백석 시인 같은 경우에는 북한에 갈 수 없으니 자료를 수집하죠. 북한의 건축과 자연, 음식, 이런 것들을 먼저 머릿속에 입력해야 나중에 글을 쓸 수 있습니다. 그러다보니 자연스레 애정이 생기죠. 제게 소설은 일종의 메소드 연기와 비슷합니다. 주인공에게 이입해야 하죠. 제 목소리로서 그 사람의 모습을 담는 것, 그게 일차적 목표입니다.

소설 속 인물의 이름도 중요하겠네요.

> 그렇죠. 자연스럽게 그들의 삶을 따라가면 이름이
> 풀리죠. 모든 캐릭터는 이름에 맞게 움직이니까요. 사실
> 이름을 짓는 게 제일 중요합니다. 그래서 소설을 쓰다가
> 인물이 이름과 어울리지 않는 행동을 하면 어울리게
> 수정하거나 혹은 이름을 바꾸기도 합니다. 그러다보니
> 인물 하나하나에 대한 애정도 깊습니다.

특별히 기억나는 인물이 있을까요?

> 《밤은 노래한다》[9]라는 소설에 '여옥'이란 인물이
> 등장하는데요. 1930년대 연변 시골에서 태어난 여자로
> 매우 동물적인 사람입니다. 이름과 인물이 잘 맞았어요.
> 여옥을 떠올리자마자 그 사람의 인생이 다 보이더라고요.
> 그런데 그 여옥이가 총상에 의해서 다리를 잘리거든요.
> 그게 두고두고 미안해요. 그렇게 매번 소설에 이입하는
> 것이죠.

---

9   2008년 발매된 김연수의
세 번째 역사소설. 1930년대 초반
북간도에서 조선 항일 운동가들이
일본 첩자라는 혐의로 중국공산당에
체포되어 살해된 민생단 사건을 다룬
작품이다.

시대를 감지하는 안테나를 세운다

소설가가 주인공을 이해하듯 독자들도 소설가의 마음을 이해할
수 있겠죠?

> 제가 소설을 쓰기 시작한 이유는 철저히 개인적인
> 일이었습니다. 소설도, 글쓰기 자체도. 물론 제 글을
> 누군가가 읽으면 좋겠지만, 그런 걸 전혀 신경 쓰지
> 않았죠. 그저 제가 쓰고 싶은 글을 썼다는 게 맞을 겁니다.
> 한데 소설가로 활동하다보니 자연스레 독자와 만나는
> 일이 잦아졌습니다. 그때 충격을 좀 받았어요. 저는 제
> 소설을 누구도 이해하지 못한다고 믿는 사람이었는데요,
> 독자들은 제 소설을 이해하더군요. 더 재미있는 건
> 모두가 다른 해석으로 소설을 이해했음에도 불구하고

같은 지점에 도달한다는 점입니다. 그건 아마도 우리가 동시대를 살고 있기 때문일 겁니다. 제가 쓸 때 느낀 분위기와 공기를 독자들도 느끼는 것이죠. 누군가와 같은 시기를 보낸다는 것이 누군가에게 이해를 받을 수 있고, 영향을 줄 수 있다는 걸 그제서야 알게 됐어요.

소설가는 어떤 사람일까요?

소설가는 지금 공기 안에서 무언가를 쓰는 사람입니다. 지금 함께 사는 사람들에게 뭔가를 꾸준히 이야기하는 사람이라고 생각합니다. 소설가가 쓰는 글은 이 시대를 감지하고 그 시기에 일어날 수 있는 이야기입니다. 그게 바로 소설가의 윤리 의식이라고 믿고 있습니다. 그게 어떤 의미로 독자에게 다가갈지는 모르지만, 소설가라면 언제나 지금 시대의 일에 안테나를 세우고 있어야 하는 것이죠. 때론 조선시대를, 존재하지 않는 허구적 시대에 관해 쓰더라도 그 안에는 현재의 이야기를 담을 수 있어야 합니다. 저는 그게 소설가의 일이자 역할이라고 생각합니다.

지금도 자신의 글에 대한 확신이 서지 않아 고심하는 젊은 작가와 작가 지망생이 많을 텐데요. 그들에게 어떤 조언을 할 수 있을까요?

저는 오히려 젊은 작가들에게 영향을 많이 받는 사람 중 한 사람입니다. 그래서 해줄 말이 많지는 않지만, 한 가지 말할 수 있는 건 외부의 평가에 휘둘리지 말라는 것입니다. 물론 그게 어렵습니다. 그럴 땐 오히려 다음 소설을 빨리 시작해야 합니다. 거기에 너무 오래 신경을 쓰면 본인에게 상처로 남게 돼요. 하나를 마치고, 그것이 어떤 평가를 듣던 바로 다음 걸 써야죠. 쓴 것을 붙들고 마음을 쓰면 절대로 다음 소설을 못 씁니다.

그래도 젊은 작가들에게 문단의 평가는 민감한 문제일 수 있습니다.

그렇죠. 아무래도 시간이 필요합니다. 저 같은 경우 15년 꾸준히 소설을 쓰다보니 아홉 권의 장편소설이 나왔습니다. 그러면 어느 정도 소설이 알려지거든요. 판매도 잘되고요. 한데 열 권을 쓰기 전까지 유명세를 얻는 건 참 어렵습니다. 진입 장벽이 높아요. 하지만 분명한 점은 지속해서 포기하지 않고 글을 쓴다면 어떤 결과를 낼 수 있다는 겁니다. 물론 저도 확신할 순 없습니다. 열 권 쓴다고 해서 잘된다는 보장도 없고요. 그럼에도 지금은 쓸 수 있기에 써보는 것이죠. 달과 별처럼 누군가는 우리를 응원하고 있을 테니.

지금 쓸 수 있는 글을 써야 합니다

김연수는 1970년 경북 김천 출생으로, 성균관대 영어영문학과를 졸업했다. 1993년 계간 «작가세계» 여름호에 시를 발표하고, 이듬해인 1994년 장편소설 «가면을 가리키며 걷기»로 제3회 작가세계문학상을 수상하며 본격적인 작품 활동을 시작했다.

—

장편소설 «꾿빠이, 이상»으로 2001년 동서문학상을, 소설집 «내가 아직 아이였을 때»로 2003년 동인문학상을, 소설집 «나는 유령작가입니다»로 2005년 대산문학상을, 단편소설 ‹달로 간 코미디언›으로 2007년 황순원문학상을, 단편소설 ‹산책하는 이들의 다섯 가지 즐거움›으로 2009년 이상문학상을 수상하며 소설에 대한 집념과 열정을 인정받았다.

—

이 외에도 «청춘의 문장들», «여행할 권리», «우리가 보낸 순간», «지지 않는다는 말», «소설가의 일», «언젠가, 아마도», «시절 일기» 등 동시대를 사는 평범한 개인이자 시민으로서 갖는 고민과 성찰을 담은 산문집을 선보였다.

김연수
Yeonsu Kim

"

한때 폴 오스터를 좋아해서 그의 책이라면 거의 다
읽었습니다. 요즘은 또 달라요. 오히려 다른 작가나 책에서
영감을 잘 받지 않기도 합니다. (웃음) 소설을 읽고 좋았다는
마음이 40대까지는 있었어요. 한데 근래는 소설을 좋아해
본 적이 없습니다. 요즘 소설 중 마음에 드는 게 잘 없기도
하고요. 이건 다른 소설에 관한 이야기만은 아니에요. 제가
쓰는 소설에 있어서도 중요한 부분이 달라지기도 하니까요.
이야기를 어떻게 표현할까, 어떤 아이디어가 좋을까 등 글을
쓸 때 어떤 배경지식이 중요했다면 지금은 그저 한 사람을,
소설 속 인물을 이해하는 게 더 중요해졌어요. 과거보다
숙달됐기에 표현을 쓰는 데 겁도 없고요. 그러니 여유가
좀 생긴 것 같아요.

"

«가면을 가리키며 걷기»

1993년 시인으로 등단한 김연수의 첫
소설. 정보기관의 공작 정치와 제
5공화국의 역사를 풍자적으로 재구성한
장편소설이다. 제3회 작가세계문학상
수상작.

‹건축이냐 혁명이냐›

정지돈의 단편소설로 2015년 제6회 '젊은
작가상' 대상 수상작. 대한제국의 마지막
황세손이자 근대건축가인 '이구'라는 실존
인물의 일화를 모아 전하는 형식으로
화제를 모았다.

«그녀, 클로이»

마르크 레비의 2018년 소설. 맨해튼
5번가 12번지 아파트 주민들과
9층 여자 클로이를 중심으로 다름에
대한 문제의식을 담아냈다. 이 소설은
모든 편견과 문화, 계급과 인종 차이를
초월하는 사랑의 힘에 대해서 말한다.

구병모

1976년 서울 출생. 한국의 소설가. 본명은
정유경으로 신비, 공포, 환상이 결합된
소설 «위저드 베이커리»로 데뷔했다.
시니컬한 문제와 몽환적 분위기가
특징이며, 주로 현실 세계와 환상을
자유롭게 넘나드는 주제를 다루고 있다.

김탁환

1968년 경남 김해 출생. 한국의 소설가.
1994년 계간문예지 «상상»에 평론
‹동아시아 소설의 힘›을 발표하며
평론가로 데뷔했고, 1996년 첫 장편소설
«열두 마리 고래의 사랑 이야기»를
출간하면서 소설가로 활동을 시작했다.
다양한 소설 기법과 형식을 실험하고
역사와 현실을 넘나드는 이색적 소재를
토대로 많은 소설을 발표하고 있다.

«길 위에서»

1950년대 미국 경제 부흥기 속
획일화를 거부하던 비트 세대(Beat
Generation)의 대표 작가 잭 케루악
(Jack Kerouac)의 자전소설. 7년간
미 대륙을 횡단하며 방랑한 경험을
서술했다.

«길들여진 몸(Il corpo docile)»

로셀라 포스토리노의 2013년 작품.
감옥에서 태어난 여자가 주인공으로,
차별받는 현실에 직면한 인간의 아픔을
그려낸 소설이다.

김성종

1941년 출생. 한국의 대표 추리소설
작가. 1969년 «조선일보»에 ‹경찰관›을
발표하며 등단했으며 1974년 한국일보
창간 20주년 장편소설 공모전에 «최후의

증인»이 당선되며 대중성을 확보했다. «일간스포츠»에 일제강점기부터 한국전쟁까지를 그린 «여명의 눈동자»를 연재하며 대하소설의 새로운 지평을 열었다.

나가이 히토시
Hitoshi Nagai
—
1951년생. 일본의 철학자이자 일본 대학 철학과 교수. 전문 분야는 존재론과 윤리학이다.

«나와 나타샤와 흰 당나귀»
—
1938년 백석이 발표한 시. 몽환적 분위기의 시로 현실을 초월한 이상, 사랑에 대한 의지와 소망을 노래한 작품이다. 백석이 열렬히 사랑한 여인에 관한 이야기로 많은 이들의 사랑을 받아 뮤지컬로도 각색되었다.

니암코 사부니
Nyamko Sabuni
—
1969년 부룬디 출생. 스웨덴의 정치인. 스웨덴 최초의 소수민족 출신 국회의원이자 동시에 난민 출신 당 대표. 2002년 스웨덴 의회 의원으로 선출되었고 2006년부터 2010년까지 통합부 장관을, 2006년부터 2013년까지 양성평등통합부 장관을 역임했다.

«달드리 씨의 이상한 여행(L'étrange voyage de monsieur Daldry)»
—
마르크 레비의 2013년 작품. 조향사인 여자 주인공이 새로운 삶을 발견하고자 떠난 여행에 옆집에 사는 달드리 씨가 동행하며 벌어지는 이야기를 그렸다.

«라 레푸블리카»
La Repubblica
—
1976년 로마에서 창간된 좌파 성향의 이탈리아 일간 신문.

라이프북스
Life Books
—
서울 강남구 논현동에 있는 큐레이션 서점. 가구 디자인 회사 '비아인키노'가 운영한다.

레이먼드 챈들러
Raymond Chandler
—
1888년 미국 출생. 소설가이자 극작가. 석유 회사 중역이던 그는 대공황 이후 44세의 나이에 탐정소설 작가로 등단했다. 그가 발표한 «기나긴 이별», «안녕 내 사랑» 등은 특유의 문체와 등장인물 유형 측면에서 미국 범죄소설에 큰 영향을 끼쳤다.

로맹 가리
Romain Gary
—

1914년 러시아 태생의 유태계 프랑스 작가. 1935년 문예지 «그랭구아르»에 단편 ‹폭풍우›가 당선되면서 데뷔했다. 에밀 아자르(Émile Ajar)라는 가명으로도 알려져 있다. 대표작으로 «유럽의 교육», «하늘의 뿌리», «새들은 페루에 가서 죽다», «자기 앞의 생» 등이 있다.

로베르토 볼라뇨
Roberto Bolaño
—

1953년 칠레 산티아고 출신의 소설가. 1998년 발표한 ‹야만스러운 탐정들›로 로물로 가예고스 상을 수상하며 라틴 아메리카의 대표 작가로 자리매김했다. 자전적 색채를 가진 문학적 탐정소설에 정치 현실을 교묘하게 끼워넣는 작품으로 유명하다.

마르그리트 뒤라스
Marguerite Duras
—

1914년 베트남 출생. 프랑스의 영화감독이자 작가. 심리 묘사나 암시적 회화를 사용해서 인간의 정열, 사랑, 행동의 심연에 따른 미묘한 관계를 주로 다뤘다. 1984년에 발표한 «연인»은 1992년 영화로 제작되었다.

마르크 샤갈
Marc Chagall
—

1887년 러시아 태생의 프랑스 화가이자 판화가.

«모나코»
—

김기창의 첫 장편소설. ‘고독사’를 주제로 죽음을 앞둔 노인의 이야기를 다룬다. 민음사가 주관하는 ‘오늘의 작가상’ 38회 당선작.

무라카미 하루키
Haruki Murakami
—

1949년 교토 출생. 일본의 소설가이자 번역가. 1979년 «바람의 노래를 들어라»로 등단했다. 일본의 한 세대를 풍미한 작가로 그의 책은 전 세계에서 읽히고 있다. 대표작으로 «노르웨이의 숲», «양을 둘러싼 모험», «태엽 감는 새», «해변의 카프카», «1Q84» 등이 있다.

«문학의 기쁨»
—

서평가 금정연과 소설가 정지돈이 한국문학을 주제로 나눈 대화가 바탕이 된 평론집. 2017년에 출간되었다. ‘새로운 문학은 가능한가’, ‘한국문학은 가능한가’ 등 2015년부터 2017년까지 2년 동안 두 사람이 만나 함께 나눈 여덟 편의 대화가 실려 있다.

미야베 미유키
Miyuki Miyabe
—

1960년 일본 출생. 일본의 대표적인
대중소설가이자 추리소설가. 대표작으로
«이유», «모방범», «화차» 등이 있으며,
인간 군상이 등장하는 르포식 추리소설,
사회파 미스터리로 유명하다.

박찬욱
—

1963년 서울 출생. 한국의 영화감독.
‹공동경비구역 JSA›, ‹복수는 나의
것›, ‹올드보이›, ‹친절한 금자 씨› 등의
영화로 한국 영화계의 대표 감독으로
자리매김했다. 인간의 원초적 욕망과
폭력, 죄의식, 구원을 철학적으로
풀어내는 것으로 유명하다. 봉준호 감독과
함께 넷플릭스 ‹설국열차› 시리즈 제작에
참여하기도 했다.

«밤은 노래한다»
—

2008년 발매된 김연수의 세 번째
역사소설. 1930년대 초반 북간도에서
조선 항일 운동가들이 일본 첩자라는
혐의로 중국공산당에 체포되어 살해된
민생단 사건을 다룬 작품이다.

백석
—

1912년 평안북도 정주 출생. 시인.
1930년 열아홉 나이로 단편소설 ‹그 모
(母)와 아들›이 «조선일보» 신춘문예에
당선되며 등단했다. 대표작으로
‹남신의주 유동 박시봉방›, ‹나와 나타샤와
흰 당나귀›, ‹통영(統營)›, ‹고향›, ‹북방
(北方)에서›, ‹적막강산› 등이 있다.

«보건교사 안은영»
—

정세랑의 2015년 장편소설. 고등학교
보건교사이자 특별한 현상을 보는
'퇴마사' 안은영이 한문 선생 홍인표와
함께 학교의 미스터리를 풀어나간다는
에피소드 시리즈. 민음사 '오늘의 젊은
작가' 시리즈 아홉번째 책으로 선정되어
2015년 12월 단행본으로 출간됐고, 현재
넷플릭스 오리지널 시리즈로 제작 중이다.

«블랙 달리아»
—

미국 소설가 제임스 엘로이(James
Ellroy)의 1987년 출간작. 1940년대
로스앤젤레스에서 일어난 희대의 살인
사건을 재구성한 실화 소설.

볼테르
Voltaire
—

1694년 파리 출생. 프랑스의 작가. 본명은
프랑수아마리 아루에(François-Marie
Arouet). 종교적 광신주의에 맞서 평생
투쟁했던 그는 관용 없이는 인류 발전과
문명 진보도 있을 수 없다고 생각했다.
«샤를 12세의 역사», «루이 14세의 시대»,
«각 국민의 풍습·정신론», «캉디드 혹은
낙관주의» 등을 썼다.

J.D. 샐린저
Jerome David Salinger
—
1919년 뉴욕 출생. 미국의 소설가. 1951년 발표한 《호밀밭의 파수꾼》으로 대중적 성공을 거뒀다. 주인공 홀든 콜필드를 통해 묘사한 청춘기의 소외감과 순수함의 상실은 특히 젊은 독자에게 큰 영향을 주었다.

《섬의 애슐리》
—
정세랑의 2018년 작품. 관광지인 섬에서 전통 춤을 추던 애슐리의 삶이 소행성 충돌로 격변을 겪는다는 내용. 미메시스의 문학 시리즈 '테이크아웃' 첫 번째 책으로, 정세랑의 글과 한예롤의 일러스트를 함께 엮어 2018년 6월에 출간되었다.

《셈을 할 줄 아는 까막눈이 여자》
—
요나스 요나손의 두 번째 장편소설. 비천한 태생이지만 두뇌만은 비범했던 한 여인이 세상을 구하기 위해 종횡무진하는 여정을 그렸다.

《송곳》
—
2013년부터 2017년까지 네이버 웹툰에 연재되었던 최규석의 만화. 비정규직과 정규직 직장인의 갈등과 한국의 노동 현실, 노동 운동을 소재로 한 작품이다. 2015년 JTBC 드라마로 각색되었다.

스티븐 킹
Stephen King
—
1947년 미국 출생. 공포, 초자연, 서스펜스, 과학 및 환상 소설의 작가이자 극작가, 음악가, 칼럼니스트, 배우, 영화제작자, 감독이다. 호러 소설로 가장 유명하며, '호러 킹(King of Horror)'이라는 별명을 갖고 있다.

스티븐 핑커
Steven Pinker
—
1954년 몬트리올 출생. 캐나다의 심리학자. 2003년부터 하버드 대학 심리학과 교수로 재직 중이며 이전에는 21간간 MIT의 뇌인지과학과 교수를 역임했다. 《빈 서판》으로 2004년 퓰리처상 과학 부문 최종 후보작에 올랐으며, 대표작으로 《언어 본능》, 《마음은 어떻게 작동하는가》, 《우리 본성의 선한 천사》 등이 있다.

스틸북스
Still Books
—
서울 용산구 한남동에 위치한 서점. '관점이 있는 중형서점'을 지향한다.

시모나 빈치
Simona Vinci
—
1970년생 이탈리아 작가. 이탈리아의 문학 웹진 인큐바토이오16(Incubatoio

16)의 편집위원으로 활동했으며, 1997년
«Dei bambini non si sa niente(What
We Don't Know About Children)»라는
작품으로 데뷔했다.

«시선으로부터,»
—

2020년 6월에 출간된 정세랑의 장편소설.
웹진 주간 문학동네에서 2020년 3월부터
연재되었고, 6월에 단행본으로 출간됐다.
일생에 단 한 번뿐인 제사를 지내기 위해
하와이를 찾은 어느 가족의 이야기.

«신(神)을 상실한 여름 (L'estate che
perdemmo Dio)»
—

로셀라 포스토리노의 2009년 작품.
한 가족이 잔혹한 기억이 있는 장소로
돌아가면서 듣추고 싶지 않은 순간을
회상하게 되는 과정을 서술한 소설.
고난 속에서 가족의 행복을 찾기 위해
고군분투하는 과정을 그렸다.

실비아 플라스
Sylvia Plath
—

1932년 보스턴 출생. 미국의 작가. 8세에
이미 «보스턴 헤럴드»에 시를 발표했다.
시와 함께 자전적 성격의 소설인
«벨 자»로 명성을 얻었다.

알베르 카뮈
Albert Camus
—

1913년 알제리 태생의 프랑스 작가.
«이방인», «페스트», «반항하는 인간»
등의 작품을 내놓았고, 1957년 노벨상을
수상했다. 20세기 전반 독일과 프랑스를
중심으로 제기된 실존주의 이념의 선두
주자로 '부조리주의'라는 철학 개념을
언급할 때 자주 인용된다.

알렉스 퍼거슨
Alex Ferguson
—

1948년 스코틀랜드 출신의 전 축구감독.

앙겔라 메르켈
Angela Merkel
—

1954년 함부르크 출생. 독일의 정치인.
2005년부터 독일의 제8대 연방총리를
역임하고 있으며 독일제국 성립 이후
최초로 연방총리직에 오른 여성이기도
하다.

앨리스 먼로
Alice Munro
—

1931년 출생. 캐나다의 소설가.
하나의 단편 안에서 삶 전체를
재현해내는 장기가 있다. 2009년
맨부커 국제상을 수상하였고 2013
년에는 노벨문학상을 수상했다. 주요
작품으로 «런어웨이», «미움, 우정,

구애, 사랑, 결혼» 등이 있다.

칼 야스퍼스
Karl Theodor Jaspers
—
1883년 출생. 독일의 철학가. 하이데거와
함께 독일 실존철학을 창시했다.
칸트, 니체, 키에르케고르 등의 영향을
받았으며, 현대 문명에 의해 잃어버린
인간 본래의 모습을 지향했다.

«양을 쫓는 모험»
—
무라카미 하루키의 1982년 작품. 이름이
드러나지 않은 주인공이 1978년 도쿄와
홋카이도에서 겪는 모험을 그렸다.
이 작품으로 하루키는 노마신인문학상을
수상했다.

어니스트 헤밍웨이
Ernest Hemingway
—
1899년 출생. 미국의 소설가. «노인과
바다»로 퓰리처상, 노벨문학상을
수상했다. 문명의 세계를 속임수로
보고 인간의 비극적인 모습을 간결한
문체로 묘사했다. 대표작으로 «무기여 잘
있거라», «누구를 위하여 종은 울리나»
등이 있다.

에이나우디 출판사
The Einaudi Publishing House
—
1933년 이탈리아 토리노에서 시작한
출판사. 주로 문학 작품을 출간한다.

에쿠니 가오리
Kaori Ekuni
—
1964년 도쿄 출생. 일본의 소설가.
동화부터 연애소설, 에세이까지 폭넓은
집필 활동을 해나가면서 참신한 감각과
세련미를 겸비한 독자적 작품 세계를
구축하고 있다. «반짝반짝 빛나는»으로
무라사키 시키부 문학상을, «나의 작은
새»로 로보노이시 문학상을 받았다.

«엑스프레센(Expressen)»
—
1944년 창간된 스웨덴의 중앙 일간지.

«와세다문학 증간 여성호»
—
2017년 9월 일본에서 출간된 문예지.
소설, 시, 평론, 사진, 에세이, 그림 등
여러 장르의 여성 작가 82인이 모여서
만든 잡지로 가와카미 미에코가 편집장을
역임했다.

왕자웨이
Wong Kar-Wai (Wáng Jiāwèi)
—
1958년 중국 상하이 출신의 홍콩

영화감독. 1988년 〈열혈남아〉로 데뷔하여 홍콩 최고 신예 감독으로 부상했으며 〈아비정전〉으로 금상장 최우수감독상을 수상했다. 대표작으로 〈중경삼림〉, 〈화양연화〉, 〈일대종사〉 등이 있다. 한국에서는 '왕가위'로도 불린다.

《우리 본성의 선한 천사》
—

2011년 출간된 캐나다의 심리학자 스티븐 핑커의 대중 과학서. 인간이 내재된 폭력성을 선한 본성으로 어떻게 극복해왔는지 역사 속 사건을 예로 들어 보여준다.

《위층 방(La Stanza di Sopra)》
—

로셀라 포스토리노의 2007년 데뷔작. 이 작품으로 이탈리아 라팔로 까리제 신인 작가상을 수상하며 데뷔했다. 전신 마비 아버지와 함께 살아가는 소녀의 서사를 담은 작품으로 인간관계의 모호함과 잔인함, 욕망과 소유에 대한 이야기를 담고 있다.

이랑
—

1986년 출생. 한국의 영화감독이자 싱어송라이터. 2012년에 1집 〈욘욘슨〉을 발표하며 이름을 알리기 시작했다. 2집 수록곡 〈신의 놀이〉로 2017년 한국대중음악상 '최우수 포크 노래'상을 수상했다.

이문구
—

1941년 출생. 한국의 소설가. 전통적 농촌 사회에 관한 풍부한 디테일과 그 안에 존재하는 인물 간 서사를 묘사하는 것이 특징이다. 대표작으로 연작 소설 《관촌수필》, 《우리 동네》, 단편소설 《김탁보전》, 《암소》, 《추야장》, 《장곡리 고욤나무》 등이 있다.

이탈로 칼비노
Italo Calvino
—

1923년 쿠바 출생. 이탈리아의 소설가. 《거미집으로 가는 오솔길》, 《모든 우주만화》, 《보이지 않는 도시들》, 《겨울밤의 나그네라면》 등 여러 작품을 남겼다.

자비에 돌란
Xavier Dolan
—

1989년 퀘벡 출신의 캐나다 영화배우이자 감독. 2009년 장편 영화 〈아이 킬드 마이 마더〉를 통해 감독으로 데뷔했고, 2016년 〈단지 세상의 끝〉으로 칸 영화제 심사위원상을 수상했다.

《작가세계》
—

세계사가 발행하는 계간 문예 잡지. 1989년 창간호의 이문열 특집을 시작으로 고은, 김수영, 김지하, 박경리, 박완서 등 현대문학사의 거장뿐 아니라 신경숙,

공지영 등의 중견 작가, 2000년대 이후
활발히 활동하고 있는 박민규, 김연수,
김경욱까지 우리 시대 대표 작가에 대한
심층 연구가 특징이다.

장뤼크 고다르
Jean-Luc Godard
—

1930년 프랑스 출신의 영화감독.
‹네 멋대로 해라›로 데뷔했으며,
1960년대 프랑스 영화 운동인 '누벨
바그'를 이끌었던 대표 인물 중 하나.

W.G. 제발트
Winfried Georg Sebald
—

1944년생 독일의 대학교수이자 작가.
1988년 이스트앵글리아 대학의 정교수로
취임했고 같은 해, 첫 시집인 «자연을
따라. 기초시»를 발표하며 본격적으로
작가의 길을 걸었다. «현기증. 감정들»을
비롯한 산문집과 «이민자들», «토성의
고리»를 잇달아 출간하며 각종 문학상을
수상했다.

제임스 엘로이
James Ellroy
—

1948년 로스앤젤레스 출생. 미국의
범죄소설가. 촘촘한 플롯과 비관적
세계관 특징이다. 이 때문에 그는 '미국
범죄소설의 악마견'이라는 별명을 얻기도
했다. 대표작으로는 «블랙 달리아»,
«내 어둠의 근원», «로이드 홉킨스

삼부작» 등이 있다.

조남주
—

1978년 서울 출생. 한국의 소설가. ‹PD
수첩›, ‹불만제로›, ‹생방송 오늘아침›
등 시사교양 프로그램 작가로 10여 년
일하다가 소설가로 방향을 바꿨다. «귀를
기울이면»을 시작으로, «고마네치를
위하여», «82년생 김지영»을 펴냈다.

조지 오웰
George Orwell
—

1903년 인도 출생. 영국의 작가이자
언론인. 문학 평론, 시, 소설 등 여러
분야의 작품을 발표했으며, «동물 농장»과
«1984»로 널리 알려져 있다. 2008년
«타임»이 선정한 '1945년 이후 위대한
영국 작가 50위' 중 2위에 올랐다.
그 밖에 대표작으로 «위건 부두로 가는
길», «카탈로니아 찬가» 등이 있다.

조지 플로이드
George Floyd
—

2020년 5월 25일 미국 미네소타 주
미니애폴리스에서 경찰의 과잉 진압으로
사망한 비무장 상태의 흑인 남성.
플로이드의 무고한 죽음에 항의하는
시위는 '흑인의 생명도 중요하다
(#BlackLivesMatter)'라는 이름으로
미니애폴리스를 넘어 2020년 5월 말
기준, 미국 140개 도시로 확산되고 있다.

존 스타인벡
John Steinbeck
—

1902년 캘리포니아 출생. 미국의 소설가.
노동자의 가난한 삶을 현실적으로 묘사한
작품과 따뜻한 시선으로 사회를 통찰하는
것이 특징이다. 1962년 노벨문학상을
수상했다.

존 치버
John Cheever
—

1912년 보스턴 출생. 미국의 소설가.
환상과 반어적 희극을 통해 미국 교외
중간층의 삶, 풍습, 도덕성을 묘사했다.
17세 때 매사추세츠 주의 세어
아카데미에서 제적당한 자신의 경험을
주제로 1930년 «뉴 리퍼블릭»에 첫
단편을 발표했다. «왑샷 가문 연대기»과
«왑샷 가문 몰락기» 등을 썼다.

제임스 패터슨
James Patterson
—

1947년 출생. 미국의 소설가로, 현재
미국에서 가장 많은 책을 베스트셀러에
올려 놓은 인기 작가. 첫 시리즈 «스파이더
게임»이 큰 호응을 얻으며 작가 경력을
시작했다. 그의 작품들은 세계적으로
1억 5000만 부 넘게 팔렸으며, 영미권
최고 추리소설 상인 에드가(Edgar) 상을
받았다.

«지지 않는다는 말»
—

2012년 출간된 김연수의 산문집. 저자가
유년 시절부터 지금까지 만나온 사람과
사랑 그리고 자신의 작품과 읽었던 책,
예술 등에 관한 이야기가 담겨 있다.

«창문 넘어 도망친 100세 노인»
—

요나스 요나손의 첫 장편소설. 100세
생일에 양로원을 탈출한 한 노인이
우연히 갱단의 돈을 훔치면서 시작되는
이야기를 그렸다. 전 세계적으로 1600만
부가 넘게 팔린 인기 소설로 2013년에는
영화화되기도 했다.

«천국 같은»
—

마르크 레비의 첫 소설로 2012년에
출간되었다. 영화 ‹저스트 라이크 헤븐›의
원작이다.

체사레 파베세
Cesare Pavese
—

1908년 출생. 이탈리아의 소설가.
1935년 반(反) 파쇼 활동으로 인해
이탈리아 남부에서 옥살이를 했다.
첫 소설 «너의 고향»은 최초의
네오리얼리즘 문학으로 일컬어진다.

코맥 매카시
Cormac McCarthy
—

1933년 로드아일랜드 출생. 미국의
소설가. 극작가, 시나리오 작가로도
활동하며 미국 현대문학의 대표 작가로
손꼽힌다. «노인을 위한 나라는 없다»,
«핏빛자오선» 등의 작품을 집필했으며
2007년 «로드(The Road)»로 퓰리처
상을 받았다.

코엔 형제
the Coen Brothers
—

1954년 생 조엘 코엔(Joel Coen)과
1957년 생 에단 코엔(Ethan Coen)을
일컫는 호칭. 시나리오 집필부터 편집까지
공동으로 영화를 제작하며 미국 독립
영화계의 주요 인사로 거론된다. 데뷔작
‹분노의 저격자› 이후로 ‹파고›, ‹노인을
위한 나라는 없다› 등 유수의 영화를
선보이며 칸 영화제, 아카데미 시상식,
골든 글로브 시상식에서 수차례 수상했다.

텀블벅
Tumblbug
—

2011년 한국에서 서비스를 시작한
크라우드 펀딩 사이트. 누구든 자신의
창작 프로젝트를 올리고 후원을 요청할
수 있으며 후원자는 후원 대가로 소정의
기념품을 후원금에 따라 차등적으로
전달받는다.

«페스트»
—

프랑스의 소설가 알베르 카뮈의
1947년 작품. 페스트균은 결코 멸망하지
않고 항상 어딘가에서 인간의 행복을
위협한다는 주제로 비인간성에 대한
집단적 반항과 연대 의식을 역설했다.

폴 오스터
Paul Auster
—

1947년 뉴저지 출생. 미국의 소설가. 문학
장르에서 통용되는 사실적이고 신비로운
요소가 조화롭게 뒤섞여 ‘아름답게
디자인된 예술품’이란 평을 받아왔다.
대표작으로는 «뉴욕 삼부작», «달의
궁전», «공중 곡예사», «리바이어던»,
«거대한 괴물» 등이 있다.

표도르 도스토옙스키
Fyodor Dostoevsky
—

1821년 모스크바 출생. 러시아의 소설가.
구질서가 무너지고 자본주의가 들어서는
과도기 러시아의 시대적 모순을 작품에
투영했으며, 20세기 사상과 문학에
깊은 영향을 끼쳤다. 대표작으로 «죄와
벌», «백치», «악령», «카라마조프가의
형제들»이 있다.

프레미오 캄피엘로
Premio Campiello
—

1963년 시작된 이탈리아의 연간 문학상.

젊은 작가를 위한 문학상으로 '캄피엘로
조반니(Campiello Giovanni)'라고
불린다.

프리모 레비
Primo Levi
—

1919년 토리노 출생. 이탈리아의
작가. 1943년 12월 파시스트 민병대에
체포되어, 1944년 2월 포솔리 수용자들과
함께 아우슈비츠로 이송되었다.
아우슈비츠에서의 기적적인 생환과 귀향
체험을 쓴 회고록 «이것이 인간인가»가
대표작이다.

«피에스 프롬 파리»
—

2015년 출간된 마르크 레비의 소설. 작가
자신의 초상인 듯한 미국인 작가 폴을
앞세워, 정체를 감추고 파리에 은둔 중인
유명 배우 미아와의 다사다난 로맨스를
코믹하게 풀어놓는다.

필립 로스
Philip Roth
—

1933년 뉴저지 출생. 미국의 소설가.
1959년, 유태계 미국인들의 고뇌를 담은
«굿바이, 콜럼버스»를 발표하며 데뷔했고,
해당 작품으로 이듬해 전미도서상을
수상하며 이름을 알렸다.

한국과학소설작가연대
SFWUK
—

Science Fiction Writers Union of the
Republic of Korea의 약어. SF작가들의
창작의 자유와 권리 보장, 활동 지원, 단체
내외의 인권 문제를 위해 연대하는 것을
목적으로 설립된 단체.

한겨레문학상
—

1996년 «한겨레»가 제정한 문학상.
한국 문학의 지평을 넓히고 그 수준을
한 차원 높일 목적으로 제정되었다. 주로
소설 분야에 수여한다.

한나 아렌트
Hannah Arendt
—

1906년 독일 태생. 유대인
철학사상가이자 정치철학자. 나치를 피해
미국으로 이주했으며, 사회적 악과 폭력의
본질을 깊이 연구하여 «폭력의 세기»를
집필했다.

히구치 이치요
Ichiyō Higuchi
—

일본 근대문학을 개척한 여성 소설가.
어머니와 오빠의 불화로 이치요는 어머니,
여동생과 함께 오빠의 집을 나와
혼고本郷로 이사했고 생계를 위해 소설을
쓰기 시작했다. «문학계» 등의 잡지에
«섣달 그믐날», «키 재기», «탁류» 같은

서정성 넘치는 수작을 발표하여 복고적
시대 풍조 속에서 주목 받았다.

〈7교시〉
—

정세랑의 단편 모음집 《목소리를
드릴게요》에 실린 작품 중 하나.
200년 뒤 시점으로 현대사를 배우는
상황을 묘사했다. 23세기에는 환경주의와
생명권, 배양 단백질 등이 보편화되어
사람들이 더 이상 동물을 잡아먹지
않으며, 인구를 조절해서 생태계의 존속을
가까스로 유지한다. 작가는 21세기에
바이러스가 퍼지는 상황, 인류가 다른
화성으로 이주하려는 계획 등을 묘사했다.

《82년생 김지영》
—

조남주의 2016년 작품. 주인공 김지영의
고백을 통해 한국 사회를 살아가는 30대
여성의 성차별에 대한 생각을 전개했다.
출간 이후 한국에서만 100만 부 이상
판매되었으며 2018년 11월 기준 영국을
비롯한 세계 16개국에 판권을 수출했다.
2019년 김도영 감독의 연출로 동명의
영화도 개봉했다.

JOBS - NOVELIST
잡스 – 소설가: 써야 하는 이야기를
쓰고 마는 사람

2020년 7월 13일 초판 1쇄
2023년 11월 10일 초판 4쇄

발행인 조수용
사업총괄 김명수
편집장 박은성
인터뷰 김나래, 김영민, 김이지은, 김희진, 남미혜, 서재우, 손현
편집 김나래, 서재우, 손현
어시스턴트 신희원, 임승철
디자인 최유원
교정 교열 박지석
일러스트 최지욱
마케팅 김현주, 김예빈
유통 김수연, 김기란

펴낸곳 매거진 «B»
주소 서울시 용산구 대사관로 35 (한남동)
전화 02-540-7435
홈페이지 www.magazine-b.com
이메일 info@magazine-b.com

ISBN 979-11-6036-114-8 02070

Printed in Korea
©Magazine B, 2023